GET BY in
Welsh

HEINI GRUFFUDD, MA

y Lolfa

All photographs (including colour slides) by the author

Argraffiad cyntaf (fel 'Look Up The Welsh'): Mawrth 1979
First impression (as 'Look Up the Welsh'): March 1979
Unfed argraffiad ar ddeg: Tachwedd 1993
Eleventh impression: November 1993

ⓗ Y Lolfa 1979

Rhif Llyfr Safonol Rhyngwladol: 0 86243 181 6

Argraffwyd a chyhoeddwyd yng Nghymru gan
Printed and published in Wales by
Y Lolfa Cyf., Talybont, Ceredigion SY24 5HE;
ffôn (0970 832) 304, ffacs 782.

CONTENTS

Introduction

The aim of this booklet is to give visitors, and
those living in Wales who do not speak Welsh, a
a selection of phrases and vocabulary that are
most likely to be used when they meet Welsh-
speakers.

    The welcome that visitors are given in
Wales will be that much warmer if they show
a willingness to use Welsh, and a whole new
Welsh world is opened to the non-Welsh
speaker when he begins to acquire the lang-
uage.

    You will find here phrases ready for use
when shopping, dining, travelling, socialising,
etc.

HEINI GRUFFUDD

HOW TO USE THE BOOK

1. For phrases you want to use in various situations, look up the appropriate section under *Contents,* page 3.

2. Some of these are used in more than one situation, e.g., buying something could occur in a shop, station, cafe, pub, cinema etc. Look them up in turn.

3. Any other words — LOOK UP THE WELSH in the two vocabularies at the back of the book (pages 46 & 53).

4. How do you say it? All pronunciations are given, but first study the guide opposite.

PRONUNCIATION

All Welsh words and phrases used in the book are given an equivalent "English" pronunciation, based on the list below. Remember that 99% of all Welsh words, if they have more than one syllable, are accented on the last-but-one syllable, e.g. **èdrych.**

a — can be short as in "man" or long as in "father" (spelt **â** in the pronunciations)

b — b

c — k (kite)

ch — ch (loch)

dd — as **th** in "that"

dd — dd (that)

e — can be short as in "then" or long as in "café" (spelt **ê** in the pronunciations)

f — v

ff — ff

g — g (got)

ng — ng (king)

h — h

i — can be short as in "win" or long as in "see" (spelt **î** in the pronunciations)

l — l

ll — ll (Llanelli)

m — m

n — n

o — can be short as in "lot" or long as in "goat" (spelt **ô** in the pronunciations)

ph — ff

r — r (always as in "run")

rh — rh

s — s (sun)

t — t

u — like a long **i** as in "see"

w — as **oo** in "good" or in "cool"

y — either as **u** in "under" (noted in the pronunciation **uh** or umm or unn), or as **ee**/**i** as in "win"

NOTE the following combinations of letters:

eu and **ei** — as **ay** in "May"

ae — as "I"

ai — as in "Dai"

oe and **oi** — as **oy** in "boy"

wy — as **oo** and **ee** linked together

aw — as **au** in "Mau-Mau" (**ah** and **oo** linked together)

MUTATIONS

Welsh words sometimes change their first letter. This can present difficulty when looking them up. If they are not used in conversation, the Welsh will be perfectly understood. These are the only possible changes, followed by some rules that cause the changes:

	Soft Mutation		Nasal Mutation		Spirant Mutation	
	C → G			C → NG		C → CH
	P → B			P → MH		P → PH
	T → D			T → NH		T → TH
	G → (drops out)			G → NG		
	B → F			B → M		
	D → DD			D → N		
	LL → L					
	M → F					
	RH → R					
RULES OF CHANGE	1. after **i, o, ar, am, gan, dwy, dau.** 2. after **y** (the) — fem. nouns only 3. adjectives after fem. nouns singular 4. after **ei** (his)		1. after **yn** (in) 2. after **fy** (my)		1. after **tri** (3) and **chwe** (6) 2. after **a** (and) 3. after **ei** (her)	

There are other rules, too, mostly for the "Soft Mutation". But don't worry about them now —you'll get by without them!

SKELETON GRAMMAR

(See Welsh is Fun and Welsh is Fun-tastic for fuller grammar)

THE

THE: **y, yr** or **'r** (yr before vowel, 'r after vowel)

"A": omit

PERSONAL PRONOUNS

I — **fi/i**

you — **ti** (someone you know well) we — **ni**

he — **e/fe** you — **chi**

she — **hi** they — **nhw**

it — **e/fe/hi**

POSSESSIVE PRONOUNS

my — **fy** (+ nasal mut.) our — **ein**

your — **dy** (+ soft mut.) your — **eich**

his — **ei** (+ soft mut.) their — **eu**

her — **ei** (+ spirant mut.)

e.g. **cot** = coat: **fy nghot; dy got; ei got; ei chot; ein cot; eich cot; eu cot;**

VERBS

PRESENT TENSE

I am, you are, he is etc.

rydw i ('n mynd) — I am (going) **rydyn ni**

rwyt ti **rydych chi**

mae e **maen nhw**

mae hi **mae'r dyn (yn mynd)**

 mae'r dynion (yn mynd)

NOTE: you will hear **rwyf i, rwy', wi** instead of **rydw i.**

PAST TENSE

I have, you have, he has done etc.

rydw i wedi (gwneud) — I (have done)

rwyt ti wedi etc.

mae e wedi

mae hi wedi.

I was, you were, he was doing:

roeddwn i ('n gwneud) — I was doing **roedden ni**

roeddet ti **roeddech chi**

roedd e **roedden nhw**

roedd hi **roedd y dyn (yn gwneud)**

 roedd y dynion (yn gwneud)

I had, you had, he had done etc.:
roeddwn i (wedi gwneud) — I (had done)
roeddet ti
roedd e   **etc.**
roedd hi

FUTURE TENSE
I shall, you will, he will etc.
bydda i ('n mynd) — I shall go   **byddwn ni**
byddi di   **byddwch chi**
bydd e   **byddan nhw**
bydd hi   **bydd y dyn (yn mynd)**
                                                       bydd y dynion (yn mynd)

QUESTIONS

PRESENT
Oes?—Is there?
Ydy'r...?—Is the...?
Ydy Huw?—Is Huw?

With all other forms of the present tense, just
drop the initial "r", e.g.,
Rydyn ni'n mynd—We are going   ...but
Ydyn ni'n mynd?—Are we going?
Ydyn nhw?—Are they?

8

PAST
Drop "r" in every case:
Oedd e? — Was he?
Oedd hi'n mynd? — Was she going?
Oedden nhw'n dod?— Were they coming?
Oedden ni wedi bod yno? — Had we been there?

FUTURE
Just put "?" after sentence; initial "b" may also change to "f"
    e.g. **Fyddwch chi'n dod?** — Will you come?/Are you coming?

✱Yes
Verb form must be used in Welsh:
Oes . . . ?	Yes = **oes**
Fydd . . .?	Yes = **bydd**
Oedd . . .?	Yes = **oedd**
Ydy . . .?	Yes = **ydy**

Other forms:
Ydw (Yes, I am); **Ydych** (Yes, you are); **Ydyn** (Yes, we are) —
    Ydyn (Yes, they are); **Oedd** (Yes, he/she/it was);
    Oeddech (Yes, you were); **Bydda** (Yes, I shall);
    Bydd (Yes, he will); **Byddwn** (Yes, we shall) etc.

✱No
"**Na**" can be used in all answers.
You will hear verb form sometimes repeated after **na** e.g.
    nag ydw, nag ydym, nag oedd, nag oeddwn, na bydda etc.

NEGATIVE SENTENCES

PRESENT
I'm not (going):
Dydw/or **Dwyf fi ddim (yn mynd)**
Dwyt ti ddim
Dydy (or **dyw**) **e ddim**
Dydy (or **dyw**) **hi ddim**
Dydyn (or **dyn**) **ni ddim**
Dydych (or **dych**) **chi ddim**
Dydyn (or **dyn**) **nhw ddim**
Dydy (or **dyw**) **'r dyn ddim**
Dydy (or **dyw**) **'r dynion ddim**

PAST
I have not gone etc: just replace **"yn"** by **"wedi"** in all above
forms; I was not (going) — **doeddwn i ddim (yn mynd)**,
doeddet ti ddim; doedd e ddim;

All other forms follow same pattern: replace initial **"r"** of
affirmative verbs with **"d"**
I had not gone: same as above forms, but replace **yn** by
wedi — **Doeddwn i ddim wedi mynd**

FUTURE
I shall not (go)/shall not (be going) —
Bydda (or **fydda**) **i ddim (yn mynd)**
all other forms similarly just add **ddim** to affirmative verbs

WHO? WHEN? WHERE? etc.
Other questions:
Pryd mae? — When is?
Pwy sy'n chwarae? — Who is playing?
Pwy ydy'r dyn? — Who is the man?
Beth sy yma? — What is here?
Beth ydy'r amser? — What is the time?
Faint sy'n dod? — How many are coming?
Pa ystafell? — Which room?
Sut? — How?
Sawl tŷ? — How many houses?
Ble mae? — Where is?

Verbs: SHORT FORMS

ALL VERBS ALSO HAVE SHORT FORMS. Many are not
heard often. Ones heard most often are:
Ga i? (May I?) — **Cewch** (Yes, you may) (OR May I have? —
Yes, you may have)
Wnewch chi? (Will you?) — **Gwnaf** (Yes, I shall)
Gawn ni? (May we?) — **Cewch** (Yes, you may) (OR May we
have? — Yes, you may have)
Allwch chi? (Can you?) — **Galla** (Yes, I can)
Alla i? (Can I?) — **Gallwch** (Yes, you can)
Daeth e — He came
Aeth e — He went
Cafodd e — He had
Gwnaeth e — He made/did

NOTE OTHER FORMS FOR PAST TENSE:
EdrychES i; EdrychEST ti; EdrychODD e/hi; EdrychON ni;
EdrychOCH chi; EdrychON nhw = I looked; you looked;
he/she/it looked; we looked; you looked; they looked.

These endings in capitals can be added to all verbs (or stems of
verbs, which is found usually by omitting last vowel or
syllable e.g. **cysgu** (to sleep): **cysgodd e** = he slept;
cerdded (to walk): **cerddes i** (I walked)

COMMANDS

add ending "wch" to verbs e.g.
estyn (to pass): **Estynnwch y bara** — Pass the bread (don't worry
    about the double "n")
eistedd (to sit): **Eisteddwch yn y gadair** — Sit in the chair
Dewch! — Come!
Ewch! — Go!
Esgusodwch fi! — Excuse me!
Edrychwch! — Look!
Cadwch y papur! — Keep the paper!
For people you know well, use '— a' instead of '— wch'
    e.g. **Eistedda!**

PHRASES

Mae'n rhaid i fi — I've got to/I must (lit. there is a need for
Mae . . . gyda fi — I've got . . ./I have . . .   me)
e.g. **Mae cês gyda fi** — I have a case

ADJECTIVES

almost always follow the noun:
trên araf — slow train
Adjectives are soft mutated in certain circumstances:
Mae hi'n boeth — it's hot (after **yn** or **n**)
merch dda — a good girl (after singular feminine nouns)

Note these forms:
rhy boeth — too hot (note mutation)
poeth iawn — very hot (**iawn** comes after the adjective always)
mwy poeth — more hot, hotter
mwya poeth — most hot, hottest

Note these:
good, better, best: **da, gwell, gorau**
bad, worse, worst: **drwg, gwaeth, gwaetha**

NOUNS

All nouns are masculine or feminine. The only difference in use between them is that singular feminine nouns mutate after "the" (y or yr or r) and cause adjectives to mutate after them. The gender is given in the vocabulary. Plurals of nouns are formed usually by adding an ending. Most common is "au" e.g. cae (field) — caeau (fields). Other endings are "-iau" (bryn (hill) bryniau); " -ion" (dyn (man) dynion); "-oedd" (mynydd (mountain) mynyddoedd). There are other endings. But some words change vowel to form the plural: (castell (castle) cestyll); some drop a syllable (pysgodyn (fish) pysgod) and some are a mixture of both added ending and vowel change (nant (stream) nentydd). Plurals are best learnt for every word. But one note of hope is that ALL NUMBERS IN WELSH ARE FOLLOWED BY SINGULAR NOUNS e.g. ten men — deg dyn.

A list of propositions etc. that are all followed by the Soft Mutation:
am — for ("at" when used with time)
ar — on
at — at, towards
gan — by
heb — without
i — to
o — of, from
dan — under
tros/dros — over
trwy/drwy — through
wrth — by
ar hyd — along

PREPOSITIONS

yn — in (followed by Nasal Mutation)
rhwng — between
ar ôl — after
cyn — before
yn erbyn — against
o flaen — in front of
tu ôl i — behind
yn y blaen — in the front
yn y cefn — in the back
uwchben — above

NOTE these forms:

	ON = AR, but, on	TO = I	TO = AT	WITH/BY = GAN
me:	arna i,	i fi,	ataf fi,	gen i,
you:	arnat ti,	i ti,	atat ti,	gennyt ti,
him:	arno fe,	iddo fe,	ato e,	ganddo e,
her:	'arni hi,	iddi hi,	ati hi,	ganddi hi,
us:	arnon ni,	i ni,	aton ni,	gennyn ni,
you:	arnoch chi,	i chi,	atoch chi,	gennych chi,
them:	arnyn nhw,	iddyn nhw,	atyn nhw,	ganddyn nhw.

Greetings / Cyfarchion (Kuhvarchyon)

Good morning — **Bore da** (Boreh da)
Good evening — **Noswaith dda** (Noswaith dda)
Good night — **Nos da** (Nôs da)
Good afternoon — **Prynhawn da** (Pruhnhawn da)
Hello — **Helo/Shwmae** (Helô/Shw-mai)
How are you — **Sut ydych chi?/Shwd ŷch chi? (coll.)**
 (Sit uhdich chî/Shwd îch chî)
Very well thanks, and you? — **Da iawn diolch, a chi?**
 (Da iawn dîolch, a chî?)
Fair, thanks — **Gweddol, diolch** (Gwêddol dîolch)
All right, thanks —**Iawn, diolch** (Iawn, dîolch)
Good health — **Iechyd da** (Iêchid da)
Good bye — **Hwyl** (Hooeel), **Hwyl fawr** (Hooeel vahoor),
 Da boch (Dah boch)
All the best to you — **Pob hwyl i ti** (Pob hooeel ee tee)
May I help? — **Ga i helpu?** (Ga î helpi?)

WRITING LETTERS:
Dear — **Annwyl**; Yours faithfully — **Yn gywir**; Best wishes —
 Cofion gorau; Lots of love — **Llawer o gariad**

WELL KNOWN SAYING: **Iechyd da pob Cymro, twll tîn
 pob Sais** (Iêchid da pôb Kuhmro, twll tîn pob Sais)
 (Good health to all Welshmen, a. . . h. . . to all English)

Yes, thank you very much — **Cewch, diolch yn fawr**
 (Kewch, dîolch uhn vawr)
This is Mr Jones — **Dyma Mr Jones** (Dumma Mr Jones)
I am Idwal Evans — **Idwal Ifans ydw i** (Idwal îvans uhdw i)
I come from Wales/from England/from Scotland/from
 Ireland — **Rydw i'n dod o Gymru/o Loeger/o'r Alban/o
 Iwerddon** (Ruhdw i'n dôd ô Gumrî/ô Loiger/ôr Alban/ô
 Iwerddon)
from France/from Germany/from America — **o Ffrainc/o'r
 Almaen/o America** (ô Ffraink/ô'r Almain/ô America)
Come in — **Dewch i mewn** (Dewch i mewn)
Excuse me — **Esgusodwch fi** (Esgisodwch vî)
Can you help me? — **Allwch chi fy helpu i?** (Allwch chî vuh
 helpi î?)
Yes, of course — **Galla, wrth gwrs** (Galla, wrth gwrs)
What do you want — **Beth ydych chi eisiau?** (Bêth uhdich chi
 eisieh?)

12

I'm Welsh/English/German/French/Scottish/Irish/American **Cymro/Sais/Almaenwr/Ffrancwr/Albanwr/Gwyddel// Americanwr ydw i** (Kuhmro/Sais/Almainwr/Ffrankwr/ Albanwr/Gwiddel/Americanwr uhdw î)

I'm not English — **Nid Sais ydw i** (Nid Sais uhdw î)

It's fine/cold/warm/dry/wet/raining — **Mae hi'n braf/oer/ dwym/sych/wlyb/bwrw glaw** (Mai hîn brâv/oir/dwym/ sîch/wlîb/bwrw glaw)

Yes, it's very fine — **Ydy, mae'n braf iawn** (Uhdi, mai'n brâv iawn)

It's raining heavily — **Mae'n bwrw'n drwm** (Mai'n bwrwn drwm)

You're right — **Rydych chi'n iawn** (Ruhdich chîn iawn)

Please — **Os gwelwch yn dda** (Os gwêlwch uhn dda)

Thank you/very much — **Diolch/yn fawr (iawn)** (Dîolch/ uhn vawr (iawn))

I've had a good time — **Rydw i wedi cael amser da** (Ruhdw î wêdi cail amser da)

I've enjoyed, thanks — **Rydw i wedi mwynhau, diolch** (Ruhdw î wêdi mwinhai, dîolch)

It was excellent — **Roedd yn ardderchog** (Roidd uhn ardderchog)

It was very good — **Roedd yn dda iawn** (Roidd uhn dda iawn)

I'm tired — **Rydw i wedi blino** (Ruhdw î wêdi blîno)

I don't mind — **Does dim ots gyda fi** (dois dim ots guhda vî)

Hell!/Devil — **Uffern/Diawl** (Iffern/Diawl)

Go to hell — **Cer i uffern** (Ker î iffern)

Go to scratch — **Cer i grafu** (Ker î gravi)

What is he doing? — **Beth mae e'n wneud?** (Bêth mai ên neid?)

We've enjoyed the food/the holidays — **Rydyn ni wedi mwynhau'r bwyd/y gwyliau** (Ruhdin nî wêdi mwinhair bwid/uh gwilîeh)

You're very kind — **Rydych chi'n garedig iawn** (Ruhdich chin garedig iawn)

Don't mention it — **Peidiwch â sôn** (Peidiwch â sôn)

O.K./All right — **Iawn/O'r gorau** (Iawn/O'r gôrai)

It's marvellous/horrible — **Mae'n wych/ofnadwy** (Mai'n wîch/ ofnadwi)

Because — **Achos** (Achos)

That's it, then — **Dyna fe, te** (Dunna vê, te)

Now then — **Nawrte** (Nawrte)

NOTES:
Mae'n is short for **Mae hi'n**
Iawn = very

13

Where is . . . ? — **Ble mae . . . ?** (Blê mai . . . ?)

Where's the pub? — **Ble mae'r dafarn?** (Blê mair davarn?)

Where's the beach? — **Ble mae'r traeth?** (Blê mair traith?)

I'm looking for. . . — **Rydw i'n edrych am. . .** (Ruhdw în edrich am. . .)

Turn left — **Trowch i'r chwith** (Trowch îr chwîth)

Turn right — **Trowch i'r dde** (Trowch îr ddê)

Go straight ahead — **Ewch yn syth ymlaen** (Ewch uhn sîth uhmlain)

a mile/half a mile/two miles — **milltir/hanner milltir/dwy filltir** (milltir/hanner milltir/dwi villtir)

three miles/four miles/five miles — **tair milltir/pedair milltir/ pum milltir** (tair milltir/pêdair milltir/pim milltir)

on the way to. . . — **ar y ffordd i. . .** (ar uh ffordd î. . .)

This is the café/Here's the café — **Dyma'r caffe** (Dummar caffê)

Over there — **Draw fan'na** (Draw vanna)

Here — **yma** (uhma)

Where are we going? — **Ble rydyn ni'n mynd?** (Blê ruhdin nîn mind?)

Where are you going? — **Ble rydych chi'n mynd?** (Blê ruhdich chîn mind?)

I've lost the way — **Rydw i wedi colli'r ffordd** (Ruhdw î wêdi collir ffordd)

All the road signs have been pulled down — **Mae'r holl arwyddion wedi'u tynnu i lawr** (Mai'r hôll arwiddion wêdii tunni i lawr)

Ask the policeman — **Gofynnwch i'r plismon** (Govunnwch îr plismon)

Where are we? — **Ble rydyn ni?** (Blê ruhdin nî?)

On the map — **Ar y map** (Ar uh map)

Where can I find. . . — **Ble rydw i'n gallu ffeindio. . .** (Blê ruhdw în galli ffeindio. . .)

I have been there already — **Rydw i wedi bod yno yn barod** (Ruhdw î wedi bôd unno uhn barod)

This side/That side — **Yr ochr yma/Yr ochr yna** (Uhr ochr umma/Uhr ochr unna)

Forward (On)/Back — **Ymlaen/Yn ôl** (Uhmlain/Uhn ôl)

Is this the right way to . . . — **Hwn yw'r ffordd iawn i . . . ?** (Hwn iwr ffordd iawn î . . . ?)

How far is it to . . . ? — **Pa mor bell yw hi i . . . ?** (Pa mor bell iw hî î . . . ?)

First left/Second right — **Cyntaf i'r chwith/Ail i'r dde** (Kunntav îr chwîth/Ail îr ddê)

This way/That way — **Y ffordd yma/Y ffordd yna** (Uh ffordd umma/Uh ffordd unna)

I'm lost — **Rydw i ar goll** (Ruhdw î ar goll)

Where is the road to the mountain/to the lake? — **Ble mae'r heol i'r mynydd/i'r llyn?** (Ble mair heol îr munnidd/îr llin?)

I don't understand — **Dydw i ddim yn deall** (Duhdw i ddim uhn dêall)

What is . . . in Welsh? — **Beth yw . . . yn Gymraeg?** (Bêth i iw . . . uhn Guhmraig?)

What do you want? — **Beth ydych chi moyn/Beth ydych chi eisiau?** (Bêth uhdich chî moin/Bêth uhdich chî eisiai?)

Do you speak English/Welsh? — **Ydych chi'n siarad Saesneg/Cymraeg?** (Uhdich chîn sharad Seisneg/Kuhmraig?)

I don't speak English — **Dydw i ddim yn siarad Saesneg** (Duhdw i ddim uhn sharad Seisneg)

Please write it down — **Ysgrifennwch e, os gwelwch yn dda** (Uhsgrivennwch ê, os gwêlwch uhn dda)

I understand/I don't understand — **Rydw i'n deall/Dydw i ddim yn deall** (Ruhdw i'n dêall/Duhdw i ddim uhn dêall)

What's the matter? — **Beth sy'n bod?** (Bêth sîn bôd?)

Speak slowly, please — **Siaradwch yn araf, os gwelwch yn dda** (Sharadwch uhn arav, os gwêlwch uhn dda)

Is there anyone here who speaks Welsh/English? — **Oes rhywun yma'n siarad Cymraeg/Saesneg?** (Ois rhiwin umman sharad Kuhmraig/Seisneg?)

This book/map may help you — **Gall y llyfr/map yma eich helpu chi** (Gall uh lluhvr/map uhma eich helpi chî)

Wait, I'm looking for the word in the phrase book — **Arhoswch, rwy'n edrych am y gair yn y llyfr ymadroddion** (Arhoswch, rwi'n edrich am uh gair uhn uh lluhvr uhmadroddion)

It's not here — this book is bloody awful — **Dyw e ddim yma, mae'r llyfr yma'n uffernol** (Diw e ddim umma, mair lluhvr umman iffernol)

What does that say? — **Beth mae hwnna'n ddweud?** (Beth mai hwnnan ddweid?)

Where is the telephone book? — **Ble mae'r llyfr ffôn?** (Ble mair lluhvr ffôn?)

How is the word/sentence said? — **Sut mae dweud y gair/frawddeg yma?** (Sit mai dweid uh gair/vrawddeg umma?)

You're speaking too quickly — **Rydych chi'n siarad yn rhy gyflym** (Ruhdich chîn sharad uhn rhî guhvlim)

Take care! — **Gofal!** (Gôvall!)

What's the matter? — **Beth sy'n bod?** (Bêth sîn bod?)

I don't know — **Wn i ddim** (Wn i ddim)

Ar agor — Open
Ar gau — Closed
Ar werth — For sale
Dim Ysmygu — No smoking
Swyddfa'r Post — Post Office
Llwybr cyhoeddus — Public footpath
Cyfleusterau Cyhoeddus — Public Conveniences
Merched — Ladies
Dynion — Gents
Swyddfa docynnau — Ticket office
Oriel — Gallery
Amgueddfa — Museum
Amgueddfa Werin — Folk museum

16

Stryd — Street
Heol — Road
Allan — Out/Exit
Dim mynediad — No admittance
Tafarn — Pub
Clwb rygbi — Rugby club
Ambiwlans — Ambulance
Ysbyty — Hospital
Cyngor — Council
Llys Ynadon — Magistrates Court
Capel — Chapel
Siop — Shop
Llyfrgell — Library
Gorsaf — Station
Banc — Bank
Gwely a brecwast — Bed and breakfast

Above:
Arfon Borough Council
Canoldy Car Park
Private Cars Only
Prices:
Parking a Car for a period
of up to two hours...5p
Parking a Car for a period
of an extra hour...5p

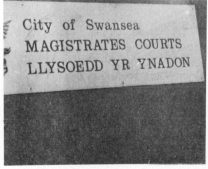

17

(Aryan, rhîvai ac amser)

MONEY

1p – **ceiniog** (keiniog)/**un geiniog** (în geiniog)
2p – **dwy geiniog** (dwi geiniog)
3p – **tair ceiniog** (tair keiniog)
4p – **pedair ceiniog** (pedair keiniog)
5p – **pum ceiniog** (pim keiniog)
6p – **chwe cheiniog** (chew cheiniog)
7p – **saith ceiniog** (saith keiniog)
8p – **wyth ceiniog** (ŵith keiniog)
9p – **naw ceiniog** (naw keiniog)
10p – **deg ceiniog** (deg keiniog)
15p – **pymtheg ceiniog** (pummtheg keiniog)
20p – **ugain ceiniog** (îgain keiniog)
£1 – **punt** (pint)/**Un bunt** (în bint)
£2 – **dwy bunt** (dwi bint)
£3 – **tair punt** (tair pint)
£4 – **pedair punt** (pêdair pint)
£5 – **pum punt** (pim pint)
£6 – **chwe phunt** (chwê phint)
£7 – **saith punt** (saith pint)
£8 – **wyth punt** (ŵith pint)
£9 – **naw punt** (naw pint)
£10 – **deg punt** (deg pint)
£15 – **pymtheg punt** (pummtheg pint)
£20 – **ugain punt** (îgain pint)
£100 – **can punt** (can pint)

NUMBERS

1 **un** (în)
2 **dau** (dai)/**dwy** (dwi) before feminine words
3 **tri** (trî) **tair** (tair) before feminine words
4 **pedwar** (pedwar)/**pedair** (pedair) before feminine words
5 **pump** (pimp)/**pum** (pim) the usual form before all nouns
6 **chwech** (chwech)/**chwe** (chwê) the usual form before all nouns
7 **saith** (saith)
8 **wyth** (ŵith)
9 **naw** (naw)
10 **deg** (dêg)
11 **un-deg-un** (în dêg în)
12 **un-deg-dau** (în dêg dai)
13 **un-deg-tri** (în dêg trî)
14 **un-deg-pedwar** (în dêg pedwar)
15 **un-deg-pump** (în dêg pimp)/**pymtheg** (pummtheg)
20 **dau-ddeg** (dai ddêg)/**ugain** (igain)
21 **dau-ddeg-un** (dai ddêg în)
30 **tri-deg** (trî dêg)
31 **tri-deg-un** (trî dêg în)
40 **pedwar deg** (pedwar dêg)
50 **pum deg** (pim dêg)
60 **chwe-deg** (chwe dêg)
70 **saith-deg** (saith dêg)
80 **wyth-deg** (ŵith dêg)
90 **naw-deg** (naw dêg)

100 **cant** (kant)
200 **dau gant** (dai gant)
300 **tri chant** (tri chant)
400 **pedwar cant** (pedwar cant)
1000 **mil** (mîl)

DAYS OF THE WEEK

Sunday — **Dydd Sul** (Dîdd Sîl)
Monday — **Dydd Llun** (Dîdd Llîn)
Tuesday — **Dydd Mawrth** (Dîdd Mawrth)
Wednesday — **Dydd Mercher** (Dîdd Mercher)
Thursday — **Dydd Iau** (Dîdd Iai)
Friday — **Dydd Gwener** (Dîdd Gwêner)
Saturday — **Dydd Sadwrn** (Dîdd Sadwrn)

January — **Ionawr** (Iônawr)
February — **Chwefror** (Chwevror)
March — **Mawrth** (Mawrth)
April — **Ebrill** (Ebrill)
May — **Mai** (Mai)
June — **Mehefin** (Môhôvin)

July — **Gorffennaf** (Gorffennav)
August — **Awst** (Awst)
September — **Medi** (Mêdi)
October — **Hydref** (Huhdrev)
November — **Tachwedd** (Tachwedd)
December— **Rhagfyr** (Rhagvir)

Phrases about MONEY

Have you got the right money? — **Ydy'r arian iawn gyda chi?**
(Uhdir arian iawn guhda chi?)

Yes, I have the right money — **Ydy, mae'r arian iawn gyda fi**
(Uhdi, mair arian iawn guhda vî)

May I pay by cheque? — **Ga i dalu gyda siec?** (Ga î dali guhda shek?)

Yes, if you have a banker's card — **Cewch, os oes cerdyn banc gyda chi** (Dewch, os ois kerdin bank guhda chî)

I want to change a traveller's cheque — **Rydw i eisiau newid siec deithio** (Ruhdw î eisieh newid shek deithio)

Can you change a £5 note? — **Allwch chi newid nodyn pum punt?** (Allwch chî newid nôdin pim pint?)

Yes/No — **Galla/Na (alla)** (Galla/Na (alla))

Have you got change? — **Oes newid gyda chi?** (Ois newid guhda chî?)

Yes, I have change — **Oes, mae newid gyda fi** (Ois, mai newid guhda vi)

Saying the TIME, etc.

It's one o'clock — **Mae hi'n un o'r gloch** (Mai hi"n în ôr glôch)
It's 2/3/4/5 o'clock — **Mae hi'n ddau/dri/bedwar/bump o'r gloch** (Mai hîn ddai/dri/bedwar/bimp ôr glôch)
It's 6/7/8/9/10 o'clock — **Mae hi'n chwech/saith/wyth/naw/deg o'r gloch** (Mai hîn chwêch/saith/with/naw/ddeg ôr gloch)
It's almost 11/12 o'clock — **Mae hi bron yn unarddeg/deuddeg o'r gloch** (Mai hî bron uhn în-ar-ddêg/ddeiddeg ôr glôch)
It's 5/10/quarter past seven — **Mae hi'n bum munud/ddeng munud/chwarter wedi saith** (Mai hîn bim minid/ddeng mimid/chwarter wêdi saith)
It's 20/25 past eight — **Mae hi'n ugain munud/bum munud ar hugain wedi wyth** (Mai hîn îgain minid/bim minid ar hîgain wedi ŵith)
It's half past ten — **Mae hi'n hanner awr wedi deg** (Mai hîn hanner awr wedi dêg)

Yesterday morning — **Bore ddoe** (Bôre ddoi)
This afternoon — **Prynhawn 'ma** (Pruhnhawn 'ma)
Tomorrow evening — **Nos yfory** (Nôs uhvôri)
Next week — **Wythnos nesa** (Ŵithnos nesa)
Last month — **Mis diwetha** (Mîs diwetha)

For "to" the hour replace **wedi** by **i**, but Note:
to two/to three/to four/to 5/to 10/to 12 — **i ddau/i dri/i bedwar/i bump/i ddeg/i ddeuddeg** (î ddai/î drî/î bedwar/î bimp/î ddêg/î ddeiddeg)
At 2/3/4/5/10/12 — **Am ddau/dri/bedwar/bump/ddeg/ddeuddeg** (Am ddai/drî/bedwar/bimp/ddêg/ddeyddeg)
What's the time? — **Beth yw'r amser?/Faint o'r gloch yw hi?** (Bêth iwr amser? /Vaint ôr glôch iw hî?)

The clock is fast/slow — **Mae'r cloc yn gyflym/araf** (Mair cloc uhn guhvlim/uhn arav)
There is enough time — **Mae digon o amser** (Mai dîgon ô amser)
We must hurry — **Mae'n rhaid i ni frysio** (Main rhaid î nî vrussio)
Hurry, it is late — **Brysiwch, mae'n hwyr** (Brussiwch main hŵir)
I arrived a week ago — **Cyrhaeddais wythnos yn ôl** (Kuhrhaiddais ŵithnos uhn ôl)
I shall stay for a week — **Bydda i'n aros am wythnos** (Buhdda i'n âros am ŵithnos)
I must leave in the morning — **Mae'n rhaid i fi ymadael yn y bore** (Main rhaid î vî ummadel uhn uh bore)
There's ¼ an hour before the bus goes — **Mae chwarter awr cyn i'r bws fynd** (Mai chwarter awr kin îr bws vind)
It will be here in an hour — **Bydd e yma mewn awr** (Bîdd e umma mewn awr)

Going about / Mynd o gwmpas (Mind o gwmpas)

What building is this? — **Pa adeilad yw hwn?** (Pa adeilad iw hwn?)

May we walk here? — **Allwn ni gerdded yma?** (Allwn ni gerdded umma?)

Should we take a train/bus/car? — **Ddylen ni fynd yn y trên/bws/car?** (Dduhlen nî vind uhn uh trên/bws/kar?)

Is the museum open? — **Ydy'r amgueddfa ar agor?** (Uhdir amgîeddva ar agor?)

Can we go in? — **Allwn ni fynd i mewn?** (Allwn nî vind î mewn?)

How much does it cost to go in the castle? — **Faint mae'n costio i fynd i mewn i'r castell?** (Vaynt main kostio î vind î mewn îr kastell?)

Have you got any postcards? — **Oes cardiau post gyda chi?** (Ois kardie post guhda chî?)

Have you got a map? — **Oes map gyda chi?** (Ois map guhda chî?)

Does this road lead to the beach? — **Ydy'r heol hon yn mynd i'r traeth?** (Uhdir hêol hon uhn mind îr traith?)

Is it safe to swim here? — **Ydi hi'n ddiogel nofio yma?** (Uhdi hîn ddiogel novio umma?)

I want to go to the shops — **Rydw i eisiau mynd i'r siopau** (Ruhdw î eisieh mind îr shopeh)

Are you walking to the top of Snowdon? — **Ydych chi'n cerdded i ben yr Wyddfa?** (Uhdich chîn kerdded î ben uhr Widdva?)

No, I'm taking the little train — **Na, rwy'n mynd ar y trên bach** (Na, rwin mind ar uh trên bach)

When is the next train? — **Pryd mae'r trên nesa?** (Prîd mair trên nesa?)

In half an hour — **Mewn hanner awr** (Mewn hanner awr)

Where are the local night-spots? — **Ble mae'r bywyd nos lleol?** (Blê mair buhwid nôs llêol?)

The only place open here is the pub — **Yr unig le sy ar agor yma yw'r dafarn** (Uhr înig le sî ar agor umma iwr davarn)

And that closes at half past ten — **Ac mae honno'n cau am hanner awr wedi deg** (A mai honnon cai am hanner awr wêdi dêg)

What's in the cinema/theatre? — **Beth sy yn y sinema/theatr?** (Beth sî uhn uh sinema/theatr?)

Is the swimming pool open now? — **Ydy'r pwll nofio ar agor nawr?** (Uhdir pwll novio ar agor nawr?)

Where is the Tourist Information Centre? — **Ble mae Swyddfa'r Bwrdd Croeso?** (Blê mai Swiddva'r Bwrdd Croeso?)

Cafés and restaurants / Tai bwyta (Tai bŵita)

Lle Pat = Pat's Place

Shall we eat here — **Fwytwn ni yma?** (Vwitwn nî umma?)

Yes, we'll stay here — **Ie, fe arhoswn ni yma** (Ie, ve arhoswn nî umma)

* GRAMMAR NOTE: **fe** is a meaningless word, often used before verbs

Is there room for four here? — **Oes lle i bedwar yma?** (Ois llê i bedwar umma?)

Do you make dinners/teas? — **Ydych chi'n 'neud cinio/te?** ['neud = gwneud in full] (Ûhdich chîn neid kinio/tê?)

May we have the menu, please? — **Gawn ni'r fwydlen, os gwelwch yn dda?** (Gawn nîr vwidlen, os gwelwch uhn ddâ?)

May we have dinner? — **Gawn ni ginio?** (Gawn nî ginio?)

Where's the toilet? — **Ble mae'r tŷ bach?** (Blê mair tî bach?)

It's upstairs/downstairs — **Mae e lan llofft/ar y llawr** (Mai ê lan llofft/ar uh llawr)

Is there a toilet here? — **Oes tŷ bach yma?** (Ois tŷ bach umma?)

Is there a bar here? — **Oes bar yma?** (Ois bar umma?)

Is the bar open? — **Ydy'r bar ar agor?** (Uhdir bar ar agor?)

A pint of bitter please — **Peint o gwrw chwerw, os gwelwch yn dda** (Peint ô gwrw chwerw, os gwelwch uhn dda)

Half a pint of cider and a glass of lager — **Hanner peint o seidir a gwydryn o lager** (Hanner peint ô seidir a gwidrin ô lager)

Orange juice and two pints of beer — **Sudd oren a dau beint o gwrw** (Sîdd oren a dai beint o gwrw)

Soup and then fish — **Cawl, ac wedyn pysgod** (Kawl ak wêdin pussgod)

There's a fly in my soup — **Mae cleren yn fy nghawl** (Mai klêren uhn vuh nghawl)

What kind of wine would you like — **Pa fath o win hoffech chi?** (Pa vath ô wîn hoffech chî?)

May we have Red/White wine? — **Gawn ni win coch/gwyn?** (Gawn ni wîn côch/gwin?)

Where is the waiter? — **Ble mae'r gweinydd?** (Blê mair gweinidd?)

Do you want coffee/cheese and biscuits? — **Ydych chi eisiau coffi/caws a bisgedi?** (Uhdich chî eisieh koffi/kaws a bisgêdi?)

May we have the bill, please? — **Gawn nï'r bil, os gwelwch yn dda?** (Gawn nîr bil, os gwelwch uhn dda?)

Black or white? — **Du neu wyn?** (Dî̂ nei win?)

There's a mistake in the bill — **Mae camsyniad yn y bil** (Mai kamsuhniad uhn uh bil)

The food was very good — **Roedd y bwyd yn dda iawn** (Roidd uh bwid uhn dda iawn)

The soup was too cold/hot — **Roedd y cawl yn rhy oer/boeth** (Roidd uh kawl uhn rhî̂ oir/boith)

May I have the salt/pepper/sauce? — **Ga i'r halen/pupur/saws?** (Ga îr halen/pupur/saws?)

May we have the food quickly? — **Gawn nï'r bwyd yn gyflym?** (Gawn nîr bwid uhn guhvlim?)

Keep the change — **Cadwch y newid** (Kadwch uh newid)

The plate/knife/fork/spoon is dirty — **Mae'r plât/gyllell/fforc/llwy yn frwnt** (Mair plât/guhllell/ffork/llwi uhn vrwnt)

Where can I leave my coat? — **Ble alla i adael 'y nghot?** (Blê alla î adel uh nghot?)

I cannot eat this (tough meat) — **Alla i ddim bwyta ('r cig gwydn) hwn** (Alla î ddim bwita (r cîg gwidn) hwn)

It's very hot/cold here — **Mae hi'n boeth/oer iawn yma** (Mai hîn oir/boith iawn uhma)

Tafarn Cadno a'r Cwn = Pub of the Fox & Hounds
Ty Rhydd = Free House
Diod a Bwyd = Drink & Food

23

Motoring / Moduro (Modîro)

I want petrol/oil/air/water — **Rydw i eisiau petrol/olew/awyr/dŵr** (Ruhdw î eisiai petrol/ôlew/awir/dŵr)

May I have 1/2/3/4/5/6 gallons — **Ga i un/ddau/dri/bedwar/bum/chwe galwyn** (Ga î în/ddai/drî/bedwar/bim/ chwê galŵin)

Can you check the oil? — **Allwch chi edrych ar yr olew?** (Allwch chî edrich ar uhr olew?)

Do you accept a cheque? — **Ydych chi'n derbyn siec?** (Uhdich chî'n derbin shec?)

A pint of oil, please — **Peint o olew, os gwelwch yn dda** (Peint ô ôlew, os gwêlwch uhn dda)

May I put air in the tyres? — **Ga i roi awyr yn y teiars?** (Ga î roi awir uhn uh teiars?)

Is the garage open all day/night? — **Ydy'r modurdy ar agor trwy'r dydd/nos?** (Uhdi'r modirdi ar agor trwir dîdd/nôs?)

Where is the nearest garage? — **Ble mae'r modurdy agosa?** (Blê mair modirdi agosa?)

How much is the two/three/four star petrol? — **Faint yw'r petrol dwy/tair/pedair seren?** (Vaint iwr petrol dwi/tair/pêdair sêren?)

Have you got change? — **Oes newid gyda chi?** (Ois newid guhda chî?)

Where is the owner? — **Ble mae'r perchennog?** (Blê mair perchennog?)

Do you repair cars? — **Ydych chi'n trwsio ceir?** (Uhdich chîn trwsho keir?)

This does not work — **Dyw hwn ddim yn gweithio** (Diw hwn ddim uhn gweithio)

The car does not start — **Dyw'r car ddim yn dechrau** (Diwr kar ddim uhn dechrai)

There's no petrol in the tank — **Does dim petrol yn y tanc** (Dois dim petrol uhn uh tank)

The tyre is flat — **Mae'r teiar yn fflat** (Mair teiar uhn fflat)

The bloody car is five miles down the road — **Mae'r car uffernol pum milltir i lawr yr heol** (Mair kar iffernol pim milltir i lawr uhr heol)

Can you tow the car? — **Ydych chi'n gallu tynnu'r car?** (Uhdich chîn galli tuhnnir kar?)

Something has broken — **Mae rhywbeth wedi torri** (Mai rhiwbeth wêdi torri)

The engine/gear does not work — **Dyw'r peiriant/gêr ddim yn gweithio** (Diwr peiriant/gêr ddim uhn gweithio)

There is a knocking sound — **Mae sŵn cnocio** (Mai sŵn knokio)

What is wrong with the car? — **Beth sy'n bod gyda'r car?** (Bêth dîn bod guhdar kar?)

The battery is flat — **Mae'r batri'n fflat** (Mair batrîn fflat)

Start the engine — **Dechreuwch y peiriant** (Dechreiwch uh peiriant)

Don't go too fast — **Peidiwch â mynd yn rhy gyflym** (Peidiwch â mind uhn rhî guhvlim)

We are going to (see) — **Rydyn ni'n mynd i (weld)...** (Ruhdin nîn mind î (weld)...)

We want to tour the district — **Rydyn ni eisiau teithio'r ardal** (Ruhdin nî eisieh teithior ardal)

Have you broken down? — **Ydych chi wedi torri lawr?** (Uhdich chî wêdi torri lawr?)

I want to change the tyre — **Rydw i eisiau newid y teiar** (Ruhdw î eisieh newid uh teiar)

Arbenigwyr Mewn Atgyweirio Moduron = Specialists In Repairing Cars

(Atgyweirio means the same as **Trwsio)**

Where do they sell tickets? — **Ble mae nhw'n gwerthu tocynnau?** (Blê mai nhŵn gwerthi tokunneh?)

A single ticket to Swansea — **Tocyn un ffordd i Abertawe** (Tokin în ffordd î Abertawe)

Return to Cardiff — **Tocyn dwy ffordd i Gaerdydd** (Tokin dwi ffordd î Gairdîdd)

How much is it? — **Faint yw e?** (Vaint iw e?)

I want two tickets/three tickets — **Rydw i eisiau dau docyn/ tri thocyn** (Ruhdw î eisieh dai dokin/trî thokin)

May I sit here? — **Ga i eistedd yma?** (Ga î eistedd umma?)

Is there anyone sitting here? — **Oes rhywun yn eistedd yma?** (Ois rhiwin uhn eistedd umma?)

This seat is reserved — **Mae'r sedd hon wedi'i chadw** (Mair sêdd hon wedi chadw)

Are you in my seat? — **Ydych chi yn fy sedd i?** (Uhdich chi uhn vuh sêdd î?)

Yes, I'm sorry — **Ydw, mae'n ddrwg gen i** (Uhdw, main ddrŵg gen i)

May I leave my bag in the corridor? — **Ga i adael fy mag yn y coridor?** (Ga î adel vuh mag uhn uh koridor?)

When do we get to Cardiff? — **Pryd ydyn ni'n cyrraedd Caerdydd?** (Prîd uhdin nîn kyhredd Kairdîdd?)

Is there a connection to Bangor? — **Oes cysylltiad i Fangor?** (Ois kuhsuhlltiad î Vangor?)

May I open the window? — **Ga i agor y ffenest?** (Ga î agor uh ffênest?)

Where is the toilet? — **Ble mae'r tŷ bach?** (Blê mair tî bach?)

Is this the train to Fishguard? — Yes/No — **Hwn yw'r trên i Abergwaun? Ie/Na** (Hwn iwr trên î Abergwain? Ie/Na)

I want to leave on the 9 o'clock train — **Rydw i eisiau gadael ar y trên naw o'r gloch** (Ruhdw î eisieh gadel ar uh trên naw o'r gloch)

Is the ticket office open? — **Ydy'r swyddfa docynnau ar agor?** (Uhdir swiddva docunne ar agor?)

Can I send a parcel on the train/bus? — **Alla i anfon parsel ar y trên/bws?** (Alla î anvon parsel ar uh trên/bws?)

Here is my ticket — **Dyma fy nhocyn i** (Duhma vuh nhokin î)

Where is your ticket? — **Ble mae eich tocyn chi?** (Blê mai eich tokin chî?)

Is there a taxi/bus by the station? — **Oes tacsi/bws wrth yr orsaf?** (Ois taksi/bws wrth uhr orsav?)

I have to catch the next train — **Mae rhaid i fi ddal y trên nesa** (Mai rhaid î vî ddal uh trên nesa)

What time is the first/last train? — **Pryd mae'r trên cynta/ola?** (Prîd mair trên kuhnta/ôla?)

Where is the waiting room? — **Ble mae'r stafell aros?** (Blê mair stavell aros?)

How much does it cost to go to Camarthen? — **Faint yw'r gost i fynd i Gaerfyrddin?** (Vaint iwr gost î vind î Gairvuhrddin?)

Do I change train to go to Rhyl? — **Ydw i'n newid trên i Rhyl?** (Uhdw în newid trên î vind î Rhil?)

Where do I change? — **Ble ydw i'n newid?** (Blê uhdw în newid?)

When does the train arrive/leave? — **Pryd mae'r trên yn cyrraedd/ymadael?** (Pryd mair trên uhn kyrredd/uhmadel?)

How long shall I have to wait? — **Faint bydd rhaid i fi aros?** (Vaint bîdd rhaid î vî aros?)

Does the train stop at Neath? — **Ydy'r trên yn aros yng Nghastell Nedd?** (Uhdir trên uhn aros uhng Nghastell Nedd?)

Is there another train today? — **Oes trên arall heddiw?** (Ois trên arall heddiw?)

The train is an hour late — **Mae'r trên awr yn hwyr** (Mair trên awr uhn hwir)

Where can I get a bus to the hotel? — **Ble alla i gael bws i'r gwesty?** (Blê alla î gal bws îr gwesti?)

Do you go near the town hall? — **Ydych chi'n mynd yn agos at Neuadd y Dref?** (Uhdich chîn mind uhn agos at Neiadd uh Drêv?)

I want to get off at the next stop — **Rydw i eisiau mynd allan ar y stop nesa** (Ruhdw î eisieh mind allan ar y stop nesa)

Does this bus go to. . . ? — **Ydy'r bws yma'n mynd i. . . ?** (Uhdir bws uhman mind î. . . ?)

When is the next bus to town? — **Pryd mae'r bws nesa i'r dref?** (Prîd mair bws nesa îr drêv?)

Have you got room for us to stay tonight? — **Oes lle gyda chi i ni aros heno?** (Ois lle guhda chî î nî aros hêno?)

We have booked a room for a week — **Rydyn ni wedi llogi stafell am wythnos** (Ruhdin nî wedi llogi stavell am withnos)

We would like to stay for 1/2/3/4 night(s) — **Hoffen ni aros am un/ddwy/dair/ bedair noson** (Hoffen nî aros am în/ddwi/dair/bedair noson)

I want a single/double room — **Rydw i eisiau stafell sengl/ddwbwl** ((Ruhdw î eisieh stavell sengl/ddwbwl)

Yes, we are married — **Ydyn, ryn ni yn briod** (Uhdym, rîn nî uhn briod)

(NOTE: **Ryn ni** is short for **Rydyn ni**)

Is there water in every room? — **Oes dŵr ym mhob stafell?** (Ois dŵr uhm mhôb stavell?)

What is the price of bed and breakfast? — **Beth yw pris gwely a brecwast?** (Bêth iw prîs gwêli a brecwast?)

Do you make tea and supper? — **Ydych chi'n gwneud te a swper?** (Uhdich chîn gwneid tê a swper?)

May I see the room? — **Ga i weld y stafell?** (Ga î weld uh stavell?)

It is very pleasant — **Mae'n ddymunol iawn** (Main ddumînol iawn)

Have you a room in the front/back? — **Oes stafell gyda chi yn y blaen/cefn?** (Ois stavell guhda chî uhn uh blain/cevn?)

It's too expensive — **Maen'n rhy ddrud** (Main rhî ddrîd)

(GRAMMATICAL NOTE: One would expect **e** or **he** for "it" i.e. **Mae e'n rhy ddrud** or **Mae hi'n rhy ddrud**. Both are correct, but it is often left out completely, as above, especially when spoken.)

About nine o'clock — **Tua naw o'r gloch** (Tîa naw ôr glôch)

May I have a key for the hotel? — **Ga i allwedd i'r gwesty??** (Ga i allwedd îr gwestî?)

I shall be back before midnight — **Bydda i'n ôl cyn hanner nos** (Buhdda în ôl kin hanner nôs)

I don't like the room — **Dydw i ddim yn hoffi'r stafell** (Duhdw î ddim uhn hoffîr stavell)

Have you anything else? — **Oes rhywbeth arall gyda chi?** (Ois rhiwbeth arall guhda chî?)

May I leave my bags/cases here? — **Ga i adael fy magiau yma?** (Ga î adel vuh magie umma?)

May I have a bath? — **Ga i fath?** (Ga î vath?)

There are no towels here — **Does dim tywelion yma** (Dois dim tuhwelion umma)

Is there hot water in the tap? — **Oes dŵr poeth yn y tap?** (Ois dŵr poith uhn uh tap?)

Where can I wash clothes? — **Ble galla i olchi dillad?** (Blê galla î olchi dillad?)

May I use the telephone? — **Ga i ddefnyddio'r ffôn?** (Ga î ddevnuhddior ffôn?)

When does the hotel close? — **Pryd mae'r gwesty'n cau?** (Prîd mair gwestîn cai?)

May we have the table in the corner/by the window? — **Gawn ni'r bwrdd yn y cornel/wrth y ffenest?** (Gawn nîr bwrdd uhn uh kornel/wrth uh ffenest?)

May we have breakfast at once? — **Allwn ni gael brecwast ar unwaith?** (Allwn nî gail brecwast ar inwaith?)

The bulb is broken — **Mae'r bylb wedi torri** (Mair buhlb wedi torri)

Is the bed ready now? — **Ydy'r gwely'n barod nawr?** (Uhdir gwêlin barod nawr?)

The pillow is dirty — **Mae'r gobennydd yn frwnt** (Mair gobennidd uhn vrwnt)

May I have toast/boiled/fried egg? — **Ga i dost/ŵy wedi' ferwi/wedi' ffrio?** (Ga î dost/ŵi wêdi verwi/wêdi ffrîo?)

We shall not be here for lunch — **Fyddwn ni ddim yma i ginio** (Vuhddwn nî ddim uhma î ginio)

The plate/knife/spoon/fork is not clean — **Dyw'r plât/gyllell/llwy/fforc ddim yn lân** (Diwr plât/guhllell/llwy/ffork ddim uhn lân)

I'm leaving tomorrow/today — **Rwy'n gadael yfory/heddiw** (Rŵin gadel uhvori/heddiw)

May we have the bill? — **Gawn ni'r bil?** (Gawn nîr bil?)

Thank you very much — goodbye — **Diolch yn fawr iawn — pob hwyl/da boch** (Diolch uhn vawr iawn — pob hwil/da boch)

Are the shops near? — **Ydy'r siopau'n agos?** (Uhdir shopen agos?)

Where are the toilets? — **Ble mae'r tai bach?** (Blê mair tai bach?)

Down at the bottom of the field — **Lawr ar waelod y cae** (Lawr ar wailod uh cai)

Up there at the top of the field — **Lan fan'na ar ben y cae** (Lan vanna ar ben uh cai)

£1.50 is a lot to pay to go in — **Mae punt pum deg yn ddrud i fynd mewn** (Mai pint îm dêg uhn ddrid î vind i mewn)

What's the barn in the middle of the field? — **Beth yw'r ysgubor ar ganol y cae?** (Beth iwr uhsgîbor ar ganol uh cai?)

The pavilion — people compete in there — **Y pafiliwn — mae pobol yn cystadlu yno** (Uh paviliwn — mai pobol uhn kuhstadli unno)

This is the Lolfa tent — **Dyma babell y Lolfa** (Duhma babell uh Lolva)

Who are they? — **Pwy ydyn nhw?** (Pwi uhdin nhŵ?)

They've got good books — **Mae llyfrau da gyda nhw** (Mai lluvre dâ guhda nhŵ)

May I have a copy of Lol please? — **Ga i gopi o Lol os gwelwch gwelwch chi'n dda?** (Ga î gopi o Lol os gwelwch chîn dda?)

May I buy Welsh is Fun-tastic? — **Ga i brynu Welsh is Fun-tastic?** (Ga î bruhnî Welsh is Fun-tastic?)

May I have a ticket for the play/concert? — **Ga i docyn i'r ddrama/cyngherdd?** (Ga î dokin îr ddrama/guhngerdd?)

What price? — **Pa bris?** (Pa brîs?)

How much are they? — **Faint ydyn nhw?** (Vaint uhdin nhŵ?)

What's on? — **Beth sydd ymlaen?** (Bêth sîdd uhmlain?)

In which pub are you drinking tonight? — **Ym mha dafarn y'ch chi'n yfed heno?** (Uhm mha davarn îch chîn uhved heno?)

Come to hear the singing — **Dewch i glywed y canu** (Dewch î gluhwed uh kani)

He's drunk — **Mae e'n feddw** (Mai ên vêddw)

When does the . . . start? — **Pryd mae'r . . . yn dechrau?** (Prîd mair . . . uhn dechre?)

Who has won? — **Pwy sy wedi ennill?** (Pwi sî wêdi ennill?)

Look! There's the Archdruid — **Edrychwch! Dyna'r Archdderwydd** (Edruhchwch! Dunna'r Archdderwidd)

Is he wearing pyjamas? — **Ydy e'n gwisgo pyjamas?** (Uhdi e'n gwisgo pyjamas?)

Where is the Exhibition? — **Ble mae'r arddangosfa?** (Blê mair arddangosva?)

(Chwaraion ac Adloniant)

Do you play tennis/golf/rugby/soccer? — **Ydych chi'n chwarae tenis/golff/rygbi/pel-droed?** (Uhdich chîn chware tenis/golff/ruhgbi/pêl-droid?)

No, I play cricket for the town team — **Na, rwy'n chwarae criced i dim y dref** (Na, rwin chware kriked î dîm uh drêv)

I want to play bowls — **Rydw i eisiau chwarae bowls** (Ruhdw î eisieh chware bowls)

Shall we go to the rygby game? — **Awn ni i'r gêm rygbi?** (Awn nî îr gêm ruhgbi?)

Who's winning? — **Pwy sy'n ennill?** (Pwi sîn ennill?)

Cardiff are losing — **Caerdydd sy'n colli** (Kairdîdd sîn kolli)

What's the score? — **Beth yw'r sgôr?** (Bêth iw'r sgôr?)

20 points to five — **Ugain pwynt i bump** (Igain pwint î bimp)

I like swimming — can we swim here? — **Rwy'n hoffi nofio — allwn ni nofio yma?** (Rŵin hoffi novio — allwn nî novio umma?)

Can we hire a boat? — **Allwn ni logi cwch?** (Allwn nî lôgi kwch?)

Have you got a racket/a bat/a ball? — **Oes raced/bat/pêl gyda chi?** (Ois raked/bat/pêl guhda chî?)

Yes, I have two — **Oes, mae dau gyda fi** (Ois, mai dai guhda vi)

Have you won? — **Ydych chi wedi ennill?** (Uhdich chî wedi ennill?)

No, I have lost — **Na, rydw i wedi colli** (Na, ruhdw î wedi kolli)

What's on in the cinema/theatre? — **Beth sy yn y sinema/theatr?** (Beth sî uhn uh sinema/theatr?)

There's a good play/film there — **Mae drama/ffilm dda yno** (Mai drama/ffilm ddâ unno)

Can I have 1/2/3/ £1 seats — **Ga i un/ddwy/dair sedd punt** (Ga î în/ddwy/dair sedd pint)

When does the show start? — **Pryd mae'r shoe'n dechrau?** (Prîd mair shoin dechre?)

There's a dance here tomorrow night — **Mae dawns yma nos yfory** (Mai dawns umma nôs uhvori)

I enjoy watching this game — **Rwy'n mwynhau gwylio'r gêm yma** (Rwin mwinhâi gŵilior gêm umma)

Is there a celebration afterwards? — **Oes dathlu wedyn?** (Ois dathli wedin?)

Cricket is a silly game — **Gêm ddwl yw criced** (Gêm ddwl iw kriked)

Come and play! — **Der i chwarae!** (Der i chwâre)

They can drink better than play — **Mae nhw'n gallu yfed yn well na chwarae** (Mai nhŵn galli uhved uhn well na chwareh)

(Kerdded, gwersuhlla, tuhwidd)

Where does this road lead? — **I ble mae'r ffordd hon yn mynd?**
(I blê mair ffordd hon uhn mind?)
How far is it to Swansea? — **Pa mor bell yw hi i Abertawe?**
(Pa mor bêll iw hî î Abertaweh?)
The next town is 5 miles away — **Mae'r dref nesa pum milltir i ffwrdd** (Mair drêv nesa pim milltir î ffwrdd)
Is there a camp near here? — **Oes gwersyll yn agos?** (Ois gwersill uhn agos?)
We're looking for the caravan site — **Rydyn ni'n edrych am y maes carafannau** (Ruhdin nîn edrich am uh mais karavanneh)
Where are we now? — **Ble rydyn ni nawr?** (Blê ruhdin nî nawr?)

Is there water and toilets here? — **Oes dŵr a thŷ bach yma?**
(Oîs dŵr a thî bach umma?)
Where is the Youth Hostel? — **Ble mae'r Hostel Ieuenctid?**
(Blê mair hostel ieiengtid?)
Up there — **Lan fanna** (Lan vanna)
We've just arrived — **Rydyn ni newydd gyrraedd** (Ruhdin nî newidd guhredd)
How much does it cost per night? — **Faint yw cost noson?**
(Vaint iw kost noson?)
Have we to pay for the car? — **Oes rhaid talu am y car?** (Ois rhaid tali am uh kar?)
Is there a shop near here? — **Oes siop yn agos?** (Ois shop yn agos?)

Where is the dryest place? — **Ble mae'r lle mwya sych?** (Blê mair llê mwya sych?)

It's (very) fine — **Mae hi'n braf (iawn)** (Mai hi'n brâv (iawn))

It's raining — **Mae hi'n bwrw glaw** (Mai hîn bwrw glaw)

It's very cold in the night — **Mae hi'n oer iawn yn y nos** (Mai hîn oir iawn uhn uh nôs)

It looks like rain — **Mae hi'n debyg i law** (Mai hîn dêbig î law)

It's only a shower — **Dim ond cawod yw hi** (Dim ond cawod iw hî)

The weather is awful — **Mae'r tywydd yn ofnadwy** (Mair tuhwidd uhn ovnadwi)

Will it be fine tomorrow? — **Fydd hi'n braf yfory?** (Vydd hîn brâv uhvorî?)

It was lovely yesterday — **Roedd hi'n hyfryd ddoe** (Roidd hîn huhvrid ddoi)

Where can we dry our clothes? — **Ble allwn ni sychu'n dillad?** (Blê allwn nî suhchin dillad?)

We'd like to stay for a few days — **Hoffen ni aros am rai dyddiau** (Hoffen nî aros am rai duhddieh)

Do we pay now or later? — **Ydyn ni'n talu nawr neu wedyn?** (Uhdin nîn tali nawr nei wedin?)

Don't pester the girls in the next tent — **Peidiwch â phoeni'r merched yn y babell nesa** (Peidiwch â phoinir merched uhn uh babell nesa)

Can we put the tent up here? — **Allwn ni godi'r babell yma?** (Allwn nî godir babell uhma?)

Do you sell eggs and milk? — **Ydych chi'n gwerthu wyau a llaeth?** (Uhdich chîn gwerthi ŵiai a llaith?)

33

Shopping / Siopa

Newyddiaduron yr Herald = Herald Newspapers

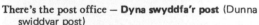

There's the post office — **Dyna swyddfa'r post** (Dunna swiddvar post)

May I have 1/2/3 stamps please — **Ga i un/ddau/dri stamp os gwelwch yn dda** (Ga i în/ddai/drî stamp os gwêlwch uhn dda)

9 or 7p? — **Naw neu saith ceiniog?** (Naw nei saith ceiniog?)

Where can I phone? — **Ble alla i ffonio?** (Blê allai î ffonio?)

How much is it? — **Faint yw e?** (Vaint iw e?)

Who is speaking? — **Pwy sy'n siarad?** (Pwi sîn sharad?)

May I have Bangor 735? — **Ga i Bangor saith-tri pump?** (Ga î Bangor saith-trî-pimp?)

I can't hear you — **Dydw i ddim yn gallu'ch clywed chi**
(Duhdw i ddim uhn gallich kluhwed chi)

Speak louder, please — **Siaradwch yn uwch, os gwelwch yn dda**
(Sharadwch uhn iwch, os gwelwch uhn ddâ)

May I have — **Ga i. . .** (Ga i. . .)

Do you sell. . . **Ydych chi'n gwerthu. . .** (Uhdich chin
gwerthi. . .)

I want to buy. . . — **Rwy eisiau prynu. . .** (Rwi eisieh
prunni. . .)

Do you want something else? — **Ydych chi eisiau rhywbeth
arall?** (Udich chi eisieh rhiwbeth arall?)

Swyddfa Deithio = Travel Agency
Y Siop Fwyd = The Food Shop
Parlwr Gwallt = Hair Parlour

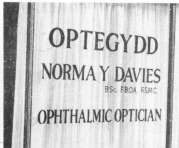

OPTEGYDD

NORMA Y DAVIES
BSc. F.B.O.A. F.S.M.C.

OPHTHALMIC OPTICIAN

It's (too) cheap/expensive — **Mae'n (rhy) rhad/ddrud** (Main (rhy) rhâd/ddrîd)

What size? — Size seven — **Pa faint? — Maint saith** (pa vaint? — Maint saith)

Is there anything else/better/cheaper? — **Oes rhywbeth arall/ gwell/rhatach?** (Ois rhiwbeth arall/gwell/rhatach?)

Is that all right? — **Ydy hwnna'n iawn?** (Uhdi hwnnan iawn?)

Yes, but I haven't got enough money — **Ydy, ond does dim digon o arian gen i** (Uhdy, ond dois dim digon o arian gen î)

Have you got change? — **Oes newid gyda chi?** (Ois newid guhda chî?)

Can I pay by cheque? — Yes — **Alla i dalu â siec? — Gallwch** (Alla î dalu â siec? — Gallwch)

Nwy = Gas
Trydan = Electricity
Siop Lestri = China Shop

36

I want a red biro — **Rwy eisiau beiro coch** (Rwi eisieh beiro kôch)
(MORE GRAMMAR — adjectives come after the noun in Welsh — IMPORTANT!)

Cigydd = Butcher
Siop Gwlan = Wool Shop

No, I'm sorry — **Na, mae'n ddrwg gen i** (Na, main ddrwg gen i)
Can I change it? — **Alla i newid e?** (Alla i newid e?)
May I have a pound of. . . — **Ga i bwys o. . .** (Ga i bwis o. . .)
How much per pound are these? — **Faint y pwys yw rhain?** (Vaint uh pwis iw rhain?)
Half a pound/kilo of. . . — **Hanner pwys/gilo o. . .** (Hanner pwis/kilo o. . .)
I'm looking for. . . — **Rwy'n chwilio am. . .** (Rwin chwilio am am. . .)
(GRAMMAR! 'o' (of) is followed by Soft Mutation. But you'll be perfectly understood without it)

I'm feeling ill — **Rwy'n teimlo'n sâl** (Rwin teimlon sâl)

What's the matter? — **Be sy'n bod?** (In full, **Beth**) (Be sîn bod?)

I have a headache — **Mae pen tost arna i** (Mai pen tost arna î)

I did not sleep well — **Chysges i ddim yn dda** (Chuhsges î ddim uhn dda)

I have a temperature — **Mae gwres arna i** (Mai gwrês arna î)

I have a cough/cold — **Mae peswch/annwyd arna i** (Mai peswch/annwid arna î)

Where can I see a doctor? — **Ble galla i weld meddyg?** (Ble galla î weld mêddig?)

Who's the nearest doctor? — **Pwy yw'r meddyg agosa?** (Pwi iwr meddig agosa?)

Are you feeling better? — **Ydych chi'n teimlo'n well?** (Uhdich chîn teimlon well?)

Drink this — **Yfwch hwn** (Uhvwch hwn)

Is it hurting? — **Ydy e'n poeni?** (Uhdy ên poini?)

Have you got any tablets? — **Oes tabledi gyda chi?** (Ois tabledi guhda chî?)

How are you feeling? — **Sut ydych chi'n teimlo?** (Sit uhdich chîn teimlo?)

Where's the pain? — **Ble mae'r boen?** (Ble mair boin?)

In my head/stomach/leg/bum — **Yn fy mhen/stumog/nghoes/mhen-ôl** (Uhn vuh mhen/stimog/nghois/mhen-ôl)

Has there been an accident? — **Oes damwain wedi digwydd?** (ois damwain wedi digwidd?)

Call the police — **Galwch yr heddlu** (Galwch uhr heddli)

Phone for an ambulance — **Ffoniwch am ambiwlans** (Ffôniwch am ambiwlans)

Walk slowly — **Cerddwch yn araf** (Kerddwch uhn arav)

There's no fresh air here — **Does dim awyr iach yma** (Dois dim awir iâch umma)

The place stinks — **Mae'r lle'n drewi** (Mair llên drewi)

Where's the dentist? — **Ble mae'r deintydd?** (Ble mair deintidd?)

I've got toothache — **Mae'r ddannodd arna i** (Mair ddannodd arna î)

Is the hospital far? — **Ydy'r ysbyty'n bell?** (Uhdir uhsbuhtin bêll?)

I'm six months pregnant — **Rwy'n disgwyl ers chwe mis** (Rŵin disgwil ers chwe mîs)

The tablets are lost — **Mae'r tabledi ar goll** (Mair tabledi ar goll)

Meeting a girl / Cwrdd â merch (Kwrdd â merch)

Do you come here often? — **Ydych chi'n dod yma'n aml?** (Uhdich chîn dod uhmân aml?)

Shall we go for a walk? — **Awn ni am dro?** (Awn nî am dro?)

All right — to where? — **O'r gorau — i ble?** (Or gôre —î blê?)

Let's go round the town — **Awn ni o gwmpas y dre** (Awn nî o gwmpas u dre)

Where can we dance? — **Ble gallwn ni ddawnsio?** (Blê gallwn nî ddawnsio?)

What about a drink first? — **Beth am rywbeth i yfed gynta?** (Bêth am riwbeth î uhved guhnta?)

Where shall we go? — **Ble awn ni?** (Blê awn nî?)

What shall we do? — **Beth wnawn ni?** (Beth wnawn ni?)

I know of a quiet pub/lively club — **Rwy'n gwybod am dafarn dawel/glwb bywiog** (Rwin gwibod am davarn dawel/glwb biwiog)

We can dance later — **Gallwn ni ddawnsio wedyn** (Gallwn nî ddawnsio wedin)

Where do you live? — **Ble wyt ti'n byw?** (Ble wit tîn biw?)

Have you a phone? — **Oes ffôn gyda ti?** (Ois ffôn guhda ti?)

What's your number? — **Beth yw dy rif?** (Bêth iw duh rîv?)

What about going to the cinema? — **Beth am fynd i'r sinema?** (Bêth am vind îr sinema?)

Are you courting? — **Wyt ti'n canlyn?** (Wyt tîn kanlin?)

Come back with me to the flat — **Dere nôl gyda fi i'r fflat** (Dêre nôl guhda vî îr fflat)

Would you like coffee? — **Hoffet ti gael coffi?** (Hoffet tî gail koffi?)

Take off your coat — **Tynn dy got i ffwrdd** (Tin duh got i ffwrdd)

What would you like to do? — **Beth hoffet ti neud?** (Bêth hoffet tî neid?)

Would you like to play cards? — **Hoffet ti chwarae cardiau?** (Hoffet tî chware kardie?)

When can we meet again? — **Pryd gallwn ni gwrdd eto?** (Prîd gallwn nî gwrdd eto?)

Have you enjoyed? — **Wyt ti wedi mwynhau?** (Wit tî wedi mŵinhai?)

What are you doing tomorrow night? — **Beth wyt ti'n neud nos yfory?** (Beth wit tîn neid nôs uhvori?)

Can you meet me by the station? — **Elli di gwrdd â fi wrth yr orsaf?** (Elli dî gwrdd â vî wrth uhr orsav?)

Don't be late — **Paid â bod yn hwyr** (Paid â bod uhn hwir)

It was lovely tonight — **Roedd hi'n hyfryd heno** (Roidd hîn huhvrid heno)

May I have a last kiss? — **Ga i gusan ola?** (Ga i gisan ola?)

I'm in love! — **Rydw i mewn cariad!** (Ruhdw i mewn kariad!)

Are you married? — **Wyt ti'n briod?** (Wit tî'n briod?)

What's for breakfast/dinner/tea/supper? — **Beth sy i frecwast/ ginio/de/swper?** (Beth sî î vrekwast/ginio/dê/swper?)

Where's my shirt/clothes? — **Ble mae fy nghrys/nillad?** (Blê mai vuh nghrîs/nillad?)

In the bedroom/bathroom/livingroom — **Yn y stafell wely/ 'molchi/fyw** (Uhn uh stavell wedi/molchi/viw)

Is the food/coffee/tea/toast/eggs ready? — **Ydy'r bwyd/coffi/ te/tost/wyau yn barod?** (Uhdir bwid/coffi/tê/tost/wiai uhn barod?)

Finish your food — **Gorffen dy fwyd** (Gorffen duh vwid)

I'm going out to the club — **Rwy'n mynd mas i'r clwb** (Rwin mind mas îr klwb)

Someone's at the door — **Mae rhywun wrth y drws** (Mai rhiwin wrth uh drws)

Be quick in the toilet — I want to go — **Byddwch yn gloi yn y tŷ bach — rwy eisiau mynd** (Buhddwch uhn gloi uhn uh tî bach — rwy eiseh mind)

I can't find the tie — **Rwy'n methu dod o hyd i'r tei** (Rwin methi dôd ô hîd îr tei)

It's under the sofa/chair/table — **Mae e o dan y soffa/gadair/ bwrdd** (Mai e ô dan uh sôffa/gader/bwrdd)

Are the children sleeping? — **Ydy'r plant yn cysgu?** (Uhdir plant uhn kuhsgi?)

They have gone out — **Mae nhw wedi mynd mas** (Mai nhŵ wedi mind mâs)

What's the smell in the kitchen? — **Beth yw'r gwynt yn y gegin?** (Beth iwr gwint uhn uh gegin?)

You wash the dishes, I'll wipe — **Golchwch chi'r llestri — sycha i** (Golchwch chîr llestri — suhcha î)

What's on the radio tonight? — **Beth sy ar y radio heno?** (Beth sî ar uh radio heno?)

There's a film on television — **Mae ffilm ar y teledu** (Mai ffilm ar uh telêdi)

There's a good programme at eight o'clock — **Mae rhaglen dda am wyth o'r gloch** (Mai rhaglen dda am ŵith ôr glôch)

What's after the news? — **Beth sy ar ôl y newyddion?** (Beth sî ar ôl uh newuhddion?)

There's a half-hour comedy — **Mae comedi hanner awr** (Mai komedi hanner awr)

I want the other channel — **Rwy eisiau'r sianel arall** (Rwi eisher shanel arall)

The English one is even worse than the Welsh one — **Mae'r un Saesneg yn waeth na'r un Gymraeg** (Mair în Seisneg uhn waith nâr în Guhmraig)

I'm going to bed — **Rwy'n mynd i'r gwely** (Rwin mind îr gweli)

What time are you getting up? — **Pryd wyt ti'n codi?** (Prid wyt tîn codi?)

Is the car in the garage? — **Ydy'r car yn y modurdy?** (Uhdir kar uhn uh modirdi?)

I've locked the door — **Rwy wedi cloi'r drws** (Rwy wedi cloir drŵs)

Move up — I'm almost falling out — **Symuda draw — rwy bron cwympo mas** (Suhmida draw — rwy bron cwimpo mas)

* GRAMMAR NOTE You: Use **ti** instead of **chi** for people you know well. Your: Likewise, **dy** instead of **eich** or **'ch.**

Mwy o arwyddion!—More signs!

Adran y Gwasanaethau Technegol—Technical Services Dept.
Adran Tai—Housing (lit. Houses) Dept.
Ar Werth—For Sale

Cwrw Felinfoel = Felinfoel Beer

One pint of bitter and one of light — **Un peint o chwerw ac un o gwrw gole** (Ín peint o chwêrw ac ín ô gwrw gôle)

Two pints of lager — **Dau beint o lager** (Dai beint o lager)

One and a half of cider — **Un a hanner o seidir** (Ín a hanner ô seidir)

Have you any food? — **Oes bwyd gyda chi?** (Ois bwid guhda chî?)

One pie and one pasty — **Un pei ac un paste** (Ín pei ac în paste)

Can we play darts? — **Allwn ni chwarae picellau?** (Allwn nî chware pikelle?)

You start — **Dechreuwch chi** (Dechreiwch chî)

Drink up, and have another — **Yfa lawr, i gael un arall** (Ífa lawr — i gail ín arall)

I'm paying — **Fi sy'n talu** (Vi sîn tali)

No, I've had too much — **Na, rwy wedi cael gormod** (Na, rwi wedi kal gormod)

But you're not drunk yet — **Ond dych chi ddim wedi meddwi eto** (Ond dich chî ddim wedi meddwi eto)

The barmaid's quite a piece — **Mae'r ferch tu ôl i'r bar yn eitha pishin** (Mair verch tî ôl îr bar uhn eitha pîshin)

She has excellent breasts — **Mae bronnau ardderchog da hi** (Mai bronne ardderchog 'da hî)

Can we drink outside? — **Allwn ni yfed tu fas?** (Allwn nî uhved tî vâs?)

Good health — **Iechyd da** (Iêchid da)

I don't want to speak English — **Dwy ddim eisiau siarad Saesneg** (Dwi ddim eisieh sharad Seisneg)

Is anyone sitting here? — **Oes rhywun yn eistedd yma?** (Oys rhiwin uhn eistedd umma?)

Where's the toilet? — **Ble mae'r tŷ bach?** (Blê mair tî bach?)

I'm over the limit — **Rwy dros y ffin** (Rwi dros uh ffîn)

Who's in this round? — **Pwy sy yn y rownd yma?** (Pwi sî uhn uh rownd yma?)

I'm drinking juice — I'm driving — **Rwy'n yfed sudd — rwy'n gyrru** (Rwin uhved sîdd — rwin guhrri)

I'm going out for a breather — **Rwy'n mynd allan am awyr iach** (Rwin mind allan am awir iâch)

Welsh beer is the best — **Cwrw Cymru yw'r cwrw gorau** (Cwrw Cuhmri iwr cwrw gôre)

Who cares about the £? — **Beth yw'r ots am y bunt?** (Beth iwr ots am uh bint?)

What's the purpose of life? — **Beth yw pwrpas bywyd?** (Beth iw pwrpas buhwid?)

God exists — **Mae Duw yn bod** (Mai Diw uhn bôd)

(To join in Welsh singing, buy **100 o Ganeuon Yfed**, Y Lolfa, Talybont, 40p)

Y Llew Coch = The Red Lion
Rhyddfeddiant = Free-owned
Cwrw Bragwyr Cymru = Welsh Brewers' Beer

* For best ever Welsh Pub Guide
buy **Tafarnau Cymru** (Y Lolfa, £1.25).

43

Swearing / Rhegi

Literal translation & possible English equivalent:

MILD:

damo (damo) damn
bobol bach (bobol bach) (little people) I'm blowed
jiw, jiw (jiw, jiw) well, well/I'm blowed
Myn brain i (muhn brain i) (on my crows) I'm blowed

SLIGHTLY LESS MILD:

diawl (diawl) (devil) hell
uffern (iffern) (hell) hell
uffern dân (iffern dân) (fire of hell) hell's bells
Y Nefoedd Wen (Uh Nevoidd Wen) (The white heaven)
   Heavens above
'R Arglwydd mawr ('R Arglwidd mawr) (The Great Lord)
   Lord
Iesu mawr! (Iesi mawr) (great Jesus!) Jesus!

LESS MILD STILL:

cachu (kachi) (shit) shit
y diawl bach (uh diawl bach) (the little devil) the/you swine
bradwr (bradwr) (traitor) traitor
cachwr (kachwr) (shitter) coward/drip
cer i grafu (ker i grafi) (go to scratch) go to hell
twll dy dîn (twll duh dîn) (your arse-hole) bugger off
twll 'i dîn (twll i dîn) (his arse-hole) bugger him

44

*Ond byddwch yn ofalus...
*But be careful...

HARSH:

Send stamped plain brown envelope to:
Y Lolfa, Talybont, Dyfed.

(Complaints to same address!)

PLACE NAMES

WALES – Cymru (Kuhmri)

Abergavenny **Y Fenni** (Uh Venni)
Anglesey **Môn**
Ammanford **Rhydaman**
Barmouth **Bermo**
Barry **Y Barri** (Uh Barri)
Brecon **Aberhonddu** (Aberhonddi)
Bridgend **Penybont** (Pen-uh-bont)
Builth Wells **Llanfair-ym-Muallt** (Llanvair uhm Mîallt)
Cardiff **Caerdydd** (Kairdydd)
Cardigan **Aberteifi** (Aberteivi)
Camarthen **Caerfyrddin** (Kairvuhrddin)
Chirk **Y Waun**
Denbigh **Dinbych** (Dinbich)
Devil's Bridge **Pontarfynach** (Pontarvuhnach)
Ebbw Vale **Glyn Ebwy** (Glin Ebwi)
Fishguard **Abergwaun** (Abergwain)
Gower **Gŵyr**
Haverfordwest **Hwlffordd**
Holyhead **Caergybi** (Kairguhbi)
Lampeter **Llanbedr(Pont Steffan)**
Milford Haven **Aberdaugleddau** (Aberdaigleddai)
Mold **Yr Wyddgrug** (Uhr Widdgrig)
Morriston **Treforys** (Trêvoris)
Neath **Castell Nedd** (Kastell Nêdd)

Newport **Casnewydd** (Kasnewidd)
Newport (Dyfed) **Trefdraeth** (Trevdraith)
New Quay **Cei Newydd** (Kei Newidd)
Newtown **Y Drenewydd** (Uh Drênewidd)
Pembroke **Penfro** (Penvro)
St Davids **Tŷ Ddewi** (Tî Ddewi)
Swansea **Abertawe**
'Talley' **Talyllychau** (Taluhlluchai)
Tenby **Dinbych y Pysgod** (Dinbich uh Puhsgod)
Welshpool **Y Trallwng**

The 8 Welsh Counties:

GWYNEDD (Gwinedd)
CLWYD
POWYS (Powis)
DYFED (Duhved)
GWENT
GORLLEWIN MORGANNWG (WEST GLAMORGAN)
MORGANNWG GANOL (MID GLAM.)
DE MORGANNWG (SOUTH GLAM.)

Mountains:

Snowdon **Yr Wyddfa** (Uhr Widdva)
Brecon Beacons **Bannau Brycheiniog** (Bannai Brùhcheiniog)
'Plynlimon' **Pumlumon** (Pimlimon)
'Prescelly' **Preseli**
Black Mountain **Y Mynydd Du** (Uh Muhnidd Dî)
Snowdonia **Eryri** (Eruhri)

VOCABULARY
CYMRAEG· SAESNEG

WELSH—ENGLISH

When using this vocabulary, remember:

1. The Welsh word may be mutated (see page 6). Look up the original sound.
2. Some letters in Welsh seem to be in a different order from English, because **ch, dd, ff, ng, ll, ph, rh, th** are single letters. Look up the words in the order of the Welsh alphabet: **a b c ch d dd e f ff g ng h i l ll m n o p ph r rh s t th u w y.**
3. **m.**=masculine; **f.**=feminine. Plural of nouns is put in brackets, e.g., **ysgol (f.-ion)**—school: schools= **ysgolion.**

A

a—and
a—with
aber—mouth of river
ac ati—and so on
actio—to act
actor (m.-ion)—actor
achos (m.-ion)—cause; achos da —a good cause
adeg (f.-au)—period
adeilad (m.-au)—building
adeiladu—to build
aderyn (m.edar)—bird
adfail (m.adfeilion)—ruin
adnabod—to know, recognise
adre' (f.)—homewards, home
addo—to promise
afal (m.-au)—apple
afon (f.-ydd)—river
agor—to open; ar agor—open
agored—open
agos—near

anghofio—to forget
alaw (f.-on)—tune, melody
am—for
amgueddfa (f.amgueddfeydd)— museum
aml—often
amser (m.-au)—time
anfon—to send
anffodus—unfortunate
anifail (m.anifeiliaid)—animal
annwyl—dear
anodd—difficult
anrheg (f.-ion)—gift
annwyd (m.-au)—chill
ar—on
araf—slow
arbennig—special
ardderchog—excellent
arian (m.)—money
aros—to wait
asgwrn (m.esgyrn)—bone
at—to, towards
atal—to stop

ateb (m.-ion)–answer
ateb–to answer
athro (m.athrawon)–teacher
aur–gold
awr (f.oriau)–hour
awyr (f.)–sky
awyren (f.-nau)–aeroplane

B

baban (m.-od)–baby
bach–small
bachgen (m.bechgyn)–boy
balch–proud, pleased
banc (m.-iau)–bank
bar (m.-rau)–bar
bara (m.)–bread; bara lawr–
  laver bread; bara menyn–
  bread & butter
bardd (m.beirdd)–poet
bargen (f.bargeinion)–bargain
basged (f.-i)–basket
baw (m.)–dirt
berwi–to boil
beth?–what?
beudy (m.beudai)–cowshed
bil (m.-iau)–bill
blaen (m.)–front; o'r blaen–
  before (in time); o flaen–in
  front of; yn y blaen–in the
  front
blanced (m.-i)–blanket
blas (m.-au)–taste
blawd (m.)–flour
ble?–where?
blin–tiresome; mae'n flin 'da fi
  –I'm sorry
blinedig–tired
blino–to get tired; wedi blino–
  tired
blodyn (m.blodau)–flower
blows–blouse
blwyddyn (f.blynyddoedd)–year
bod–to be; that
bodlon–contented, pleased,
  willing

bolheulo–to sunbathe
bore (m.-au)–morning
brawd (m.brodyr)–brother
brec (m.-iau)–brake
brecwast (m.-au)–breakfast
bresychen (f.bresych)–cabbage
brethyn (m.-nau)–tweed
brigâd (f.-au)–brigade; brigâd
  dân–fire brigade
bron (f.-nau)–breast
bronglwm (m.bronglymau)–bra
brown–brown
brwnt–dirty
bryn (m.-iau)–hill
brysio–to hasten
buwch (f.buchod)–cow
bwced (m.-i)–bucket
bwrdd (m.byrddau)–table
bwrw eira–to snow
bwrw glaw–to rain
bws (m.bysus)–bus
bwthyn (m.-nod)–cottage
bwyd (m.-ydd)–food
bwydlen (f.-ni)–menu
bwyta–to eat
byd (m.-oedd)–world
bydd e–he will (see grammar
  for full verb form)
byr–short
bys (m.-edd)–finger
byw–to live

C

cacen (f.-nau)–cake
cadair (f.cadeiriau)–chair
cadw–to keep
cae (m.-au)–field
caead (m.)–lid
cael–to have
caer (f.ceyrydd)–fort
caled–hard, difficult
calon (f.-nau)–heart
cam–bent
cam (m.-au)–step
can (f.-euon)–song

cannwyll (f.canhwyllau)–candle
canhwyllbren (m.canwyllbren-
  nau)–candlestick
canol–middle
canrif (f.-oedd)–century
cant (m.cannoedd)–hundred
canu–to sing
canwr (m.cantorion)–singer
capel (m.-i)–chapel
car (m.ceir)–car
carchar (m.-au)–jail
carden (f.cardiau)–card
caredig–kind
cariad (m.-on)–sweetheart, love
cario–to carry
carreg (f.cerrig)–stone
cartref (m.-i)–home
cas–nasty
casáu–hate
casglu–to collect
castell (m.cestyll)–castle
cath (f.-od)–cat
cau–to close
cawl (m.)–soup, mess
caws (m.)–cheese
ceffyl (m.-au)–horse
ceg (m.-au)–mouth
cegin (f.-au)–kitchen
ceiliog (m.-od)–cockerel
ceiniog (f.-au)–penny
celfi–furniture
Celtaidd–Celtic
cenedl (f.cenhedloedd)–nation
cenedlaethol–national
cerdyn (m.cardiau)–card
cerdded–to walk
ces (m.-us)–case
ci (m.cwn)–dog
cicio–to kick
cig (m.-oedd)–meat
cinio (m.ciniawau)–dinner,
  lunch
clawdd (m.cloddiau)–hedge
clefyd (m.-au)–illness
clir–clear
cloc (m.-iau)–clock

cloch (f.clychau)–bell
cloff–lame
cludo–to carry, give a lift to,
  to transport
clust (f.-iau)–ear
clustog (f.-au)–pillow
clwyf (m.-au)–wound, disease
clywed–to hear
coch–red
codi–to raise, to get up
coeden (f.coed)–tree
coes (f.-au)–leg
cofio–to remember
coffi–coffee
coginio–to cook
colli–to lose
copa (f.-on)–summit
costio–to cost
cot (f.-iau)–coat
craig (f.creigiau)–rock
credu–to believe
crefft (f.-au)–craft
crochenwaith (m.)–pottery
croen (m.crwyn)–skin
croes (f.-au)–cross
croesi–to cross
croeso (m.)–welcome
cryf–strong
crys (m.-au)–shirt
curo–to beat
cusanu–to kiss
cwch (m.cychod)–boat
cwestiwn (m.-au)–question
cwis–quiz
cwm (m.cymoedd)–valley
cwmni (m.-oedd)–company
cwmwl (m.cymylau)–cloud
cwpan (m/f.-au)–cup
cwpwrdd (m.cypyrddau)–cup-
  board
cwrw (m.)–beer
cwsmer (m.-iaid)–customer
cwympo–to fall
cychwyn–to start
cyflym–fast
cyfoethog–rich

cyfri—to count
cyngerdd (m/f.cyngherddau)—concert
cyhoeddus—public
cyllell (f.cyllyll)—knife
cymdeithas (f.-au)—society
Cymdeithas yr Iaith Gymraeg—Welsh Language Society
Cymraeg (f.)—Welsh (language)
Cymraes (f.Cymreigesau)—Welsh woman
Cymreig—Welsh (apart from language)
Cymro (m.Cymry)—Welshman
Cymru—Wales
cymryd—take
cymysgu—to mix
cyn—before
cynnar—early
cynnes—warm
cynnig—to suggest
cyntaf—first
cyrraedd—to reach
cysgu—to sleep
cysurus—comfortable
cytuno—to agree
cythrel (m.cythreuliaid)—devil; Cer i'r cythrel—Go to the...
cyw (m.-ion)—chicken

Ch

chi—you
chwaer (f.chwiorydd)—sister
chwarae—to play
chwaraewr (m.chwaraewyr)—player
chwarter (m.-i)—quarter
chwerthin—to laugh
chweugen (m.)—50p
chwith—left

D

'da—with
da—good

dafad (f.defaid)—sheep
daear (f.-oedd)—earth, land
dal—to catch
dangos—to show
dan—under, below
darganfod—to find
darlun (m.-iau)—picture
darllen—to read
darn (m.-au)—piece
dathlu—to celebrate
dawns (f.-feydd)—dance
dawnsio—to dance
de (m.)—south
de—right (side); ar y dde—on the right
deall—to understand
dechrau—to start
deffro—to awake
denu—to attract
derbyn—to receive
dewch!—come!; dewch â...!—bring...!
dewis—to choose
diawl (m.-ed)—devil
diddorol—interesting
diferyn (m.diferion)—drop (of fluid)
digon—enough
dillad (m.)—clothes
dim—no, nothing; dim byd—nothing; dim ots—no matter
dime (f.-iau)—½p
dinas (f.-oedd)—city
diod (f.-ydd)—drink
diolch (m.-iadau)—thanks
dirwy (f.-on)—fine (in court)
disgwyl—to expect
diwedd (m.)—end
diwethaf—last
dod—to come
dod â—to bring
dodi—to put
dodrefn (m.)—furniture
drama (f.-u)—drama
dringo—to climb
dros—over

drud—expensive
drwg—bad, evil, naughty
drws (m.drysau)—door
drwy—through
drych (m.-au)—mirror
du—black
dwbwl—double
dweud—to say
dŵr (m.)—water
dwsin—dozen
dwyrain—east
dwywaith—twice
dy—your
dychwelyd—to return
dydd (m.-iau)—day
dymuniad (m.-au)—wish
dymuno—to wish
dyn (m.-ion)—man
dysgl (f.-au)—dish
dysgu—to teach, to learn
dyweddio—to be engaged

Dd

ddoe—yesterday

E

e—he, it
ebol (m.-ion)—foal
edrych—to look
edrych ar—to look at
efallai—perhaps
eglwys (f.-i)—church
yr Eidal—Italy
eidion—beef
eiliad (m/f.-au)—second
eillio—to shave
ei—his
eich—your
ein—our
eira (m.)—snow; bwrw eira—to snow
eistedd—to sit

eleni—this year
ennill—to win
enw (m.-au)—name
enwog—famous
eog (m.-iaid)—salmon
esgid (f.-iau)—shoe
eto—again
eu—their
ewch!—go!; ewch â!—take...!
ewythr (m.-edd)—uncle
ewyn (m.)—froth, foam

F

faint—how much; faint o—how many
fe—he, him
fi—me; fy—my

Ff

ffair (f.ffeiriau)—fair
ffatri (f.-oedd)—factory
ffedog (f.-au)—apron
ffenestr (f.-i)—window
fferm (f.-ydd)—farm
ffermdy (m.ffermdai)—farmhouse
ffermwr (m.ffermwyr)—farmer
fferyllydd (m.fferyllwyr)—chemist
ffilm (f.-iau)—film
ffodus—fortunate
ffôl—foolish
ffon, teliffon—telephone
ffonio—to phone
fforc (f.ffyrc)—fork
ffordd (f.ffyrdd)—way
fforest (f.-ydd)—forest
ffrio—to fry, to quarrel
ffrog (f.-iau)—frock
ffrwyth (m.-au)—fruit
ffwrdd, i ffwrdd—away
ffwrn (f.ffyrnau)—oven, stove

G

gadael—to leave
gaeaf (m.-au)—winter
gair (m.geiriau)—word
galw—to call
galwyn (m.-i)—gallon
gallu—to be able to
gan—by
ganddi hi—with her
ganddo fe—with him
ganddyn nhw—with them
gardd (f.gerddi)—garden
gartre (f.)—at home
ggt (m.-iau)—gate
gem (f.-au)—game
gen i—with me
gennych chi—with you
gennyn ni—with us
ger—near, by
ger (m.)—gear
glân—clean
glan y môr—sea-side
glas—blue
glaswellt—grass
glaw (m.-ogydd)—rain
glo (m.)—coal
gloi—fast, quick
gobaith (m.gobeithion)—hope
gobeithio—to hope
godro—to milk
gofal (m.-on)—care
gofalu—to care, look after
gofalwr (m.gofalwyr)—keeper
gofyn—to ask
gogledd (m.)—north
golau—light
golchi—to wash
golygfa (f.golygfeydd)—scenery
gorau—best
gorffen—to finish
gorffwys—to rest
gorllewin (m.)—west
gormod—too much
gorsaf (f.-oedd)—station
gorwedd—to lie down

grat (m.-iau)—grate
grawnwin—grapes
grefi (m.)—gravy
gris (m.-iau)—step
gwaeth—worse
gwag—empty
gwahoddiad (m.-au)—invitation
gwaith (m.gweithiau/gweith-
    feydd)—work
gwallgo—mad
gwallt (m.-au)—hair
gwan—weak
gwanwyn (m.)—spring
gwario—to spend
gwau—to knit
gwartheg (m.)—cattle
gwddf (f.gyddfau)—neck
gweddol—fair, fairly
gweithio—to work
gweld—to see
gwely (m.-au)—bed
gwell—better
gwella—to recover, make better
gwen (f.-au)—smile
gwen—white
gwenu—to smile
gwersyll (m.-oedd)—camp
gwersylla—to camp
gwerth (m.-oedd)—value; ar
    werth—for sale
gwerthiant (m.gwerthiannau)—
    sale
gwerthu—to sell
gwesty (m.gwestai)—hotel
gwin (m.-oedd)—wine
gwir—true
gwir (m.)—truth
gwisg (f.-oedd)—dress
gwisgo—to wear, to dress
gwlad (f.gwledydd)—country
gwladgarol—patriotic
gwlân—wool
gwlyb—wet
gwlychu—to wet, to get wet
gwneud—to do, to make
gwr (m.gwŷr)—man, husband

gwraig (f.gwragedd)—wife,
    woman
gwrando—listen
gwybod—to know
gwydryn (m.gwydrau)—glass
gŵyl (f.-iau)—holiday
gwylio—to watch
gwyn—white
gwynt (m.-oedd)—wind
gwyrdd—green
gyd, i gyd—all
gyda—with
gyntaf, yn gyntaf—first
gyrru—to drive

H

haearn (m.heyrn)—iron
haf (m.-au)—summer
halen (m.)—salt
hanner (m.haneri)—half
hapus—happy
hardd—beautiful
haul (m.heuliau)—sun
hawdd—easy
heb—without
heblaw—except
hedfan—to fly
heddiw—today
helpu—to help
hen—old
heno—tonight
heol (f.-ydd)—road
het (f.-iau)—hat
hi—she, her, it
hir—long
hoffi—to like (to)
holl—all
hon (f.)—this, this one
hosan (f.sanau)—sock
hufen (m.)—cream
hun (hunain)—self, -selves
hwn (m.)—this, this one
hwyl (f.-iau)—fun, spirit; sail
hwylio—to sail

hwyr—late
hydref (m.)—autumn
hyfryd—lovely

I

i—to
iâ (m.)—ice
iach—healthy
iaith (f.ieithoedd)—language
iâr (f.ieir)—hen
iddi hi—to her
iddo fe—to him
iddyn nhw—to them
iechyd (m.)—health
ifanc—young
isel—low

J

jam (m.)—jam
jiw!—wel!

L

lan—up
lawr—down
lwcus—lucky

Ll

llaeth (m.)—milk
llai—less
llais (m.lleisiau)—voice
llaw (f.dwylo)—hand
llawen—happy
llawer—many, a lot
llawn—full
llawr (m.lloriau)—floor
lle (m.llefydd)—place
llechen (f.llechi)—slate
lleiaf—smallest, least
llen (f.-ni)—curtain

llestr (m.-i)—dish
llety (m.)—lodging, B&B
lleuad (f)—moon
llifo—to flow
lliw (m.-iau)—colour
llo (m.-i)—calf
Lloegr—England
llofft (f.-ydd)—upstairs
llong (f.-au)—ship
llon—happy
llosgi—to burn
llun (m.-iau)—picture
llwy (f.-au)—spoon
llwybr (f.-au)—path
llwyd—grey
llydan—wide
llyfr (m.-au)—book
llygad (m.llygaid)—eye
llyn (m.-noedd)—lake
llynedd—last year
llys (m/f.-oedd)—court
llythyr (m.-au)—letter

M

mab (m.meibion)—son
mae—is, are, there is, there are
magu—to nurse
mam (f.-au)—mother
mamgu (f.)—grandmother
maneg (f.menyg)—glove
map (m.-iau)—map
marchnad (f.-oedd)—market
mawr—big
medd—says
medd (m.)—mead
meddw—drunk
meddwi—to get drunk
meddwl—to think
meddwyn (m.meddwon)—drunk-
    ard
meddyg (m.-on)—doctor
mefus—strawberries
mêl (m.)—honey
melyn—yellow

50

melys—sweet
menyn (m.)—butter
menyw (f.-od)—woman
merch (f.-ed)—girl
mil (f.-oedd)—thousand
milltir (f.-oedd)—mile
mis (m.-oedd)—month
mo—not, none of
mochyn (m.moch)—pig
modrwy (f.-on)—ring (wedding
    &c)
modryb (f.-edd)—aunt
modurdy (m.modurdai)—garage
mor—so (with adj.)
môr (m.-oedd)—sea
moron—carrots
moyn—to want
munud (m/f.-au)—minute
mwy—more
mwyaf—most
mwyn—gentle
mwynhau—to enjoy
mynd—to go
mynd â—to take
mynydd (m.-oedd)—mountain

N

nabod—to know (a person)
Nadolig (m.)—Christmas
nawr—now
neges (f.-euon)—message
neidio—to jump
neis—nice
neithiwr—last night
nesaf—next
neuadd (f.-au)—hall; neuadd y
    dref—town hall
newid—to change
newydd—new
newyddion—news
nhw—they, them
ni—us, we
ni (before verb)—not
niwl (m.-oedd)—mist, fog
noeth—naked

nofio—to swim
nôl—to fetch
nos (f.)—night
noson (f.nosweithiau)—evening
noswaith (f.nosweithiau)—
    evening
nwy (m.-on)—gas
nyrs (f.-us)—nurse

O

o—of, from
ochr (f.-au)—side
oer—cold
oergell (f.-oedd)—fridge
oeri—to cool, to get colder
oen (m.ŵyn)—lamb
oes (f.-au/-oedd)—age, period
ofnadwy—awful, terrible
offeryn (m.offer)—instrument,
    tool, tackle
ôl (m.-ion)—trace, remain; yn ôl
    —back(wards); ar ôl—after; tu
    ôl—behind
olaf—last
olew (m.)—oil
olwyn (f.-ion)—wheel
ond—but
os—if; os gwelwch yn dda—
    please
dim ots—no matter
owns (f.)—ounce

P

pa?—which?
pabell (f.pebyll)—tent
pacio—to pack
paentio—to paint
pafin (m.)—pavement
paid a...—don't...
pam?—why?
pannas—parsnips
pant (m.-au/-iau)—vale
papur (m.-au)—paper

papuro—to paper
paratoi—to prepare
parc (m.-iau)—park
parod (yn barod)—ready
pawb—everybody
pecyn (m.-nau)—packet
peidiwch—don't
peint (m.-iau)—pint
peiriant (m.peiriannau)—
    machine, engine
pêl (f.-i)—ball; pêl-droed—foot-
    ball
pell—far
pen (m.-nau)—head
pennod (f.penodau)—chapter
pentref (f.-i)—village
penwaig—herrings
persawr (m.-au)—perfume
pert—pretty
perth (f.-i)—hedge
peth (m.-au)—thing
Plaid Cymru—literally, the
    Party of Wales
plât (m.-iau)—plate
platform (m.)—platform
plentyn (m.plant)—child
pobi—to bake
pobl (f.-oedd)—people
poced (m/f.-i)—pocket
poen (f.-au)—pain
poeni—to worry, to tease
poeth—hot
polyn (m.polion)—pole
pont (f.-ydd)—bridge
popeth—everything
porfa (f.porfeydd)—grass
potel (f.-i)—bottle
pregeth (f.-au)—sermon
pregethu—to preach
pregethwr (m.pregethwyr)—
    preacher
priodas (f.-au)—marriage
priodfab (m.)—groom
priodferch (f.)—bride
priodi—to marry

pris (m.-iau)–price
pryd?–when?
pryd o fwyd–a meal
prydferth–beautiful
prynhawn (m.-au)–afternoon
prynu–to buy
prysur–busy
punt (f.punnoedd)–pound (£)
pwdin (m.)–pudding
pwy?–who?
pwys (m.-i)–pound (lb)
pwysig–important
pwyso–to press, to lean, to weigh
pysgodyn (m.pysgod)–fish
pysgota–to fish
pythefnos (f.-au)–fortnight

R

'r–the (after vowel)
record (m/f.-iau)–record
rwan–now (North Wales)

Rh

rhad–cheap
rhaff (f.-au)–rope
rhaglen (f.-ni)–programme
rhaid–must
rhaw (f.rhofiau)–spade
rhedeg–to run
rhegu–to swear
rhestr (f.-au)–list
rhieni–parents
rhif (m.-au)–number
rhifo–to count
rhiw (m/f.-iau)–hill, slope
rhodd (f.-ion)–gift
rhoddi–to give
rhoi–to give
rhosyn (m.-nau)–rose
Rhufain–Rome; Rhufeiniaid– Romans
rhwng–between

rhy–too
rhydd–free; Cymru Rydd!–Free Wales!
rhyddid (m.)–freedom
rhyw–some (adj.)
rhyw (f.-iau)–sex
rhywbeth (m.)–something
rhywle–somewhere
rhywun (m.rhywrai)–someone

S

Saesneg–English language
Saeson–Englishmen
saff–safe
Sais–Englishman
sâl–ill
salw–ugly
sanau–stockings, socks
sant (m.saint)–saint
sebon (m.)–soap
sefyll–to stand
Seisnig–English (adjective, not the language)
senedd (f.-au)–parliament
seremoni (f.-au)–ceremony
set (f.-i)–seat
set (f.-iau)–set
sgert (f.-iau)–skirt
sgor (m.)–score
sgorio–to score
siarad–to talk
siec (m.-iau)–cheque
sigaret–cigarette
siglo–to shake
sinema (m.-u)–cinema
siop (f.-au)–shop
siopa–to shop
sir (f.-oedd)–county, shire
siwgr (m.)–sugar
siwr–sure
siwt (f.-iau)–suit
siwtio–to suit
soffa (f.)–sofa
stondin (f.-au)–stall
stori (f.-au)–story

storm (f.-ydd)–storm
streic (f.-iau)–strike; ar streic –on strike
stryd (f.-oedd)–street
sut?–how? what kind of? (before nouns)
y Swisdir–Switzerland
swllt (m.sylltau)–shilling
swn (m.-au)–noise, sound
swnllyd–noisy
swper (m.-au)–supper
swydd (f.-i)–job
swyddfa (f.swyddfeydd)–office; swyddfa'r heddlu–police station; swyddfa'r post–post office
sych–dry
syched (m.)–thirst; mae syched arnaf–I've got a thirst
sychu–to dry
symud–to move
syniad (m.-au)–idea

T

tad (m.-au)–father
tadcu (m.tadau cu)–grandfather
tafarn (f.-au)–pub
tai–houses
taflu–to throw
taith (f.teithiau)–journey
tal–tall
talu–to pay
tamaid (m.tameidiau)–bit, slice
tân–fire
tarw (m.teirw)–bull
taten (f.tatws)–potato
tawel–quiet
te (m.)–tea
tegell (m.-au)–kettle
tei (m.)–tie
teimlo–to feel
teisen (f.-nau/ni/nod)–cake
teithio–to travel
teledu (m.)–television

telyn (f.-nau)–harp
tenau–thin
teulu (m.-oedd)–family
tew–fat
tlawd–poor
tlws–pretty
tocyn (m.-nau)–ticket
ton (f.-au)–tune
ton (f.-au)–wave
torri–to cut, break
torth (f.-au)–loaf
tost–ill
tost (m.)–toast
traeth (m.-au)–beach
trafnidiaeth (f.)–traffic
traffig (m.)–traffic
trebl–treble
tref (f.-i)–town
trefnu–to arrange
trên (m.-au)–train
trist–sad
tro (m.-eon)–turn, bend; am dro –for a walk
troed (m.traed)–foot
troi–to turn
trons–nickers, pants
tros–over
trwm–heavy
trwser (m.-i)–trouser
trwy–through
trwyn (m.-au)–nose
trydan (m.)–electricity
tu (m.)–side; tu ôl–behind
twll (m.tyllau)–hole
twr (m.tyrau)–tower
twrci (m.-od)–turkey
twym–warm
tŷ (m.tai)–house
tŷ bach–toilet
tyfu–to grow
tynnu–to pull
tywel (m.-ion)–towel
tywod (m.)–sand
tywydd (m.)–weather
tywyll–dark

U

uchaf—highest
uchel—high
uffern (f.)—hell
uffernol—hellish
ugain—twenty
un—one
unig—lonely
unwaith—once
uwch—higher
uwd (m.)—porridge

W

wal (m.-ydd)—wall
weithiau—sometimes
wrth—by, near
wy (m.-au)—egg; wy wedi'i
  ferwi—boiled egg; wy wedi'i
  ffrio—fried egg
wyneb (m.-au)—face
wynwns—onions
wythnos (f.-au)—week

Y

y—the *(before consonant)*
ychydig—a little, a few
ydy—is
yfed—to drink
yfory—tomorrow
yma—here
ymlaen—forwards, on
ymolchi—to wash (oneself)
ynad (m.-on)—magistrate
ynys (f.-oedd)—island
yr—the *(before vowel)*
ysbyty (m.ysbytai)—hospital
ysgafn—light
ysgol (f.-ion)—school, ladder
ysgrifennu—to write
ysgrifenyddes (f.-au)—(female)
  secretary
ysgrifennydd (m.-ion)—secretary
ystafell (f.-oedd)—room;
  ystafell wely—bedroom;
  ystafell fwyta—dining room;
  ystafell ymolchi—bathroom
yw—is

SAESNEG·CYMRAEG

ENGLISH—WELSH Vocabulary

A

a—left out in Welsh
able—gallu (v.); galluog (a.); to be able to—gallu
above—uwch ben, dros
accept—derbyn
ache—poeni (v.); poen (f.) -au
accelerator—sbardun (m.)
accident—damwain (f.) -damweiniau
across—ar draws
act—actio (v.); act (f.) -au
actor—actor (m.) -ion; actores (f.) -au
address—cyfeiriad (m.) -au
aeroplane—awyren (f.) -nau
after—ar ôl; after all—wedi'r cyfan, wedi'r cwbwl
afternoon—prynhawn (m.)
again—eto; once again—unwaith eto
age—oed (m.)
agree—cytuno
all—pawb (everyone); i gyd—all the books—y llyfrau i gyd; all the way—yr holl ffordd all the time—yr holl amser; all right—iawn o'r gorau (O.K.)
almost—bron

also—hefyd

always—o hyd, wastad, bob amser
ambulance—ambiwlans (m.)
and—a, ac (before vowels)
angry—cas
animal—anifail (m.) -anifeiliaid
answer—ateb (v.); ateb (m.) -ion
any—unrhyw; anyone—unrhywun; anything—unrhyw beth
apple—afal (m.) -au
apron—ffedog (f.) -au
arm—braich (f.) -breichiau
arrive—cyrraedd
ashtray—blwch llwch (m.) -blychau llwch
at—wrth (by); yn (in); at two o'clock—am ddau o'r gloch; at the table—wrth y bwrdd; at Aberystwyth—yn Aberystwyth; at all—o gwbl; at last—o'r diwedd; at the end—yn y diwedd; at the end of the road—arddiwedd yr heol; at home—gartrei
attract—denu
attractive—deniadol
aunt—modryb (f.) -edd
autumn—hydref (m.)
awake—deffro (v.); ar ddihun (ad.); effro (a.)
away—i ffwrdd
awful—ofnadwy; awfully good—ofnadwy o dda

B

baby—baban (m.) -od
back—cefn (m.) -au; cefnwr (rugby) (m.) -cefnwyr; to go back—mynd nôl
bad—drwg
bag—bag (m.) -iau
bake—pobi
baker—pobydd (m.) -ion
ball—pêl (f.) -i
banana—bananau (m.) -u
band—band (m.) -iau
bank—banc (m.) -iau
bar—bar (m.) -rau
bargain—bargen (f.) -bargeinion
basket—basged (f.) -i
bath—bath (m.) -iau; cael bath (v.)
bathroom—stafell ymolchi
bathe—ymdrochi; bathing costume/suit—siwt nofio
battery—batri (m.)
be—bod
beach—traeth (m.) -au
beans—ffa
beautiful—prydferth, pert
bed—gwely (m.) -au; to go to bed—mynd i'r gwely; single bed—gwely sengl; double bed—gwely dwbwl
bedroom—ystafell wely (f.) -oedd gwely
beef—cig eidion (m.)
beer—cwrw (m.) -au
before—cyn; before dinner—cyn cinio; before long—cyn hir; before (never seen him)—o'r blaen
behind—tu ôl; pen-ôl (m.) -au
believe—credu
bell—cloch (f.) -clychau
belly—bola, bol (m.) -boláu
below—dan, o dan
belt—gwregys (m.) -au
bend—tro (m.) -eon; troi (v.); plygu (v.)
bent—cam
best—gorau; the best bitter—y cwrw chwerw gorau
better—gwell; to get better—gwella
between—rhwng
big—mawr
bill—bil (m.) -iau
bird—aderyn (m.) -adar
biscuit—bisgedyn (m.) -bisgedi
black—du
blanket—blanced (f.) -i
bleed—gwaedu
blood—gwaed (m.)

blouse—blows (m.)
blue—glas
boat—cwch (m.) -cychod
body—corff (m.) -cyrff
boil—berwi; boiled egg—wy wedi'i ferwi
bone—asgwrn (m.) -esgyrn
bonnet—bonet (m.)
book—llyfr (m.) -au
book-shop—siop lyfrau (f.)
boot—clst (f.) -iau
bottle—potel (f.) -i
bowls—bowls
boy—bachgen (m.) -bechgyn
bra—bronglwm (m.) -bronglymau
brake—brecio; arafu
break—torri; break-down—torri i lawr
bread—bara (m.); bread and butter—bara
   menyn
breakfast—brecwast (m.) -au
breast—bron (f.) -nau
bridge—pont (f.) -ydd
brigade—brigâd (f.); fire brigade—brigâd dân;
   peiriant tân—fire engine
bring—dod â
broad—llydan
brother—brawd (m.) -brodyr
brown—brown
brush—brwsh (m.) -ys
bucket—bwced (m.) -i
build—adeiladu
building—adeilad (m.) -au
bulb—bylb (m.) -iau
burn—llosgi (v.)
bus—bws (m.) -ys
busy—prysur
but—ond
butcher—cigydd (m.)
butter—menyn (m.)
button—botwm (m.) -botymau
buy—prynu
by—gan; wrth (near); by the house—wrth y
   tŷ; by Gwynfor Evans—gan Gwynfor Evans;
   pass by—mynd heibio; by now—erbyn hyn

C

cabbage—bresychen (f.) -bresych
cake—teisen (f.) -nod

calendar—calendr (m.) -au
camera—camera (m.) -camerâu
camp—gwersyll (m.) -oedd; gwersylla (v.)
candle—cannwyll (f.) -canhwyllau
car—car (m.) -ceir
cap—cap (m.) -iau
caravan—carafan (f.) -nau
card—cerdyn (m.); carden (f.) -cardiau;
   post-card—cerdyn post
care—gofal (m.) -on; gofalu (v.)
carrots—moron
carry—cario
case—cês (m.) -ys
castle—cestyll (m.) -cestyll
cat—cath (f.) -od
catch—dal
cathedral—eglwys gadeiriol (f.) -i cadeiriol
cauliflower—blodfresychen (f.) -blodfresych
cause—achos (m.) -ion; good cause—achos da
celebrate—dathlu
celebration—dathliad (m.) -au
Celtic—Celtaidd
century—canrif (f.) -oedd
ceremony—seremoni (f.) -au
chair—cadair (f.) -cadeiriau
change—newid (v.), newid (m.) iadau
chapel—capel (m.) -i
cheap—rhad
cheek—boch (f.) -au
cheese—caws (m.)
chemist—fferyllydd (m.) -fferyllwyr
cheque—siec (m.) -iau
chest—breast (f.)
chicken—cyw (m.) -ion
child—plentyn (m.) -plant
chill—annwyd (m.) -au: I've got a chill—Mae
   annwyd arna i
chin—gên (f.) -au
chocolate—siocled (m.) -i
choice—dewis (f.)
choir—côr (m.) -au
choose—dewis
chop—golwyth (m.) -ion
Christmas—Y Nadolig (m.)
church—eglwys (f.) -i
cider—seidir (m.)
cigar—sigâr (f.) -au
cigarette—sigarèt (f) -au
cinema—sinema (f.) -'u
city—dinas (f.) -oedd
clean—glân
clear—clir (a.), clirio (v.)

cliff—clogwyn (f.) -i
climb—dringo
clock—cloc (m.) -iau
close—cau (v.); agos (a.); closed—ar gau
clothes—dillad; table-cloth—lliain bwrdd (m.)
cloud—cwmwl (m.) -cymylau
clutch—gafaelydd (m.)
coach—bws (m.) -ys
coal—glo (m.)
coast—arfordir (m.) -oedd
coat—cot (f.) -iau; rain coat—cot law;
   overcoat—cot fawr
cobbler—crydd (m.)
cockerel—ceiliog (m.) -od
coffee—coffi (m.)
cold—annwyd (m.); oer (a.); get colder—oeri;
   he has a cold—mae annwyd arno fe
collect—casglu
collection—casgliad (m.) -au
company—cwmni (m.) -au
come—dod; come here! —dewch yma!
comfortable—cysurus
compete—cystadlu
competition—cystadleuaeth (f.) -cystadleuthau
conductor—arweinydd (m.) -ion (of a choir);
   tocynnwr (m.) -tocynwyr (of a bus)
contented—bodlon
contraceptives—clecrwystrwyr
cook—coginio (v.); cogydd (m.); cogyddes (f.)
cost—costio (v.); cost (f.) -au
cottage—bwthyn (m.) -nod
cough—peswch
count—cyfri
country—gwlad (f.) -gwledydd
county—sir (f.) -oedd
course—cwrs (m.) -cyrsiau
court—llys (m.) -oedd; caru (v.)
cow—buwch (f.) -buchod
cowshed—beydy (m.) -beudai
craft—crefft (f.) -au
cream—hufen (m.)
cross—croesi (v.); croes (f.) -au; cas (a.)
crossing—croesfan (f.) -nau
crown—coron (f.) -au
cup—cwpan (m.) -au; egg cups—cwpanau ŵy
cupboard—cwpwrdd (m.) -cypyrddau
curtain—llen (f.) -ni
custard—cwstard (m.)
customer—cwsmer (m.) -iaid
cut—torri (v.); cwt (m.)

D

dance—dawnsio (v.); dawns (f.) -feydd
danger—perygl (m.) -on
dark—tywyll
darts—picellau
daughter—merch (f.) -ed
day—dydd (m.) -iau
dear—annwyl
dear (expensive)—drud
defeat—curo (v.); curfa (f.)
depart—ymadael
deposit—ernes (f.)
devil—diawl (m.) -ed
dictionary—geiriadur (m.)
difficult—anodd, caled
dining room—ystafell fwyta
dinner—cinio (m.) -ciniawau
dirt—baw (m.)
dirty—brwnt
disease—haint (m.) -heintiau
dish—dysgl (f.); plat (m.) -iau
do—gwneud
doctor—meddyg (m.) -on
dog—ci (m.) -cwn
don't—peidiwch; paid (to someone you know
   well)
door—drws (m.) -drysau
double—dwbwl
dozen—dwsin (m.) -au
drama—drama (f.) -'u
dress—gwisg (f.) -oedd; gwisgo (v.)
drink—yfed (v.); diod (f.)
drive—gyrru
driver—gyrrwr (m.) -gyrwyr
drop—diferyn (m.) -diferion; gollwng (v.)
drunk—meddw
drunkard—meddwyn (m.) -meddwon
dry—sych
dust—llwch (m.)

E

each—pob; each one—pobun; 6p each—
   chwe cheiniog yr un
ear—clust (f.) -iau
early—cynnar
earth—daear (f.); pridd (m.) (soil)

east—dwyrain (m.)
Easter—Y Pasg (m.)
easy—hawdd
eat—bwyta
egg—ŵy (m.) -au
elbow—penelin (m.) -oedd
electricity—trydan (m.); electricity board—
 bwrdd trydan
empty—gwag
end—diwedd (m.)
engage—dyweddio (to be married)
engine—peiriant (m.) -peiriannau
England—Lloegr (f.)
English (language)—Saesneg (f.)
English—Seisnig
Englishman—Sais (m.) -Saeson: down with the
 English—twll tin pob Sais
enjoy—mwynhau
enough—digon; enough food—digon o fwyd
 enough beer—digon o gwrw
enquiries—Ymhoniadau
entrance—mynediad (m.) -au
envelope—amlen (f.) -ni
evening—noson (f.); noswaith (f.) -nosweithiau
 good evening—noswaith dda; this evening,
 tonight—heno
everyone—pawb, pobun; ever—byth; Wales for
 ever—Cymru am byth
everything—popeth
evil—drwg
excellent—ardderchog
except—heblaw
exhaust—blino (v.); carthbib (f.) (pipe)
exit—allan
expect—disgwyl
expensive—drud
eye—llygad (m.) -llygaid

F

face—wyneb (m.) -au
fair—teg (a.); ffair (f.) -ffeiriau; fair play—
 chwarae teg
fall—cwympo, syrthio
far—pell
fare—pris (m.) -iau
farm—fferm (f.) -ydd

fast—cyflym
fat—tew
father—tad (m.) -au
fear—ofn (m.) -au; I'm afraid—Mae ofn arna i/
feel—teimlo   rydw i'n ofni
fetch—nôl
fever—gwres (m.)
few—ychydig
field—cae (m.) -au
fill—llanw (m.)
film—ffilm (f.) -iau
find—darganfod (discover); dod o hyd i;
 ffeindio
fine—braf (a.); dirwy (f.) -on
finger—bys (m.) -edd
finish—gorffen
first—cyntaf (a.); yn gyntaf (ad.)
fish—pysgodyn (m.) -pysgod; pysgota (v.)
floor—llawr (m.) -lloriau
flow—llifo
flower—blodyn (m.) -blodau
fog—niwl (m.) -oedd
foggy—niwlog
food—bwyd (m.) -ydd
foot—troed (f.) -traed
fork—fforc (f.) -ffyrc
forest—coedwig (f.) -oedd; fforest (f.) -ydd
fort—caer (f.) -au
fortnight—pythefnos (m.) -au
fortunate—ffodus
forwards—ymlaen
France—Ffrainc
free—rhad, am ddim (for nothing); rhydd,
 Cymru rydd—free Wales
freedom—rhyddid (m.)
fresh—ffresh
fridge—oergell (f.) -oedd
frock—ffrog (f.) -iau
front—blaen; in front of—o flaen;
 in the front—yn y blaen
fruit—ffrwyth (m.) -au; fruit shop—siop
 ffrwythau
fry—ffrio; fried egg—ŵy wedi'i ffrio
fuck—cnychu (v.); cnych (m.)
full—llawn
fun—hwyl (f.) -iau
furniture—celficyn (m.) -celfi
 (celfi usually used)

gallery—oriel (f.) -au
gallon—galwyn (m.) -i
garage—modurdy (m.) -au; garej
garden—gardd (f.) -gerddi
garment—dilledyn (m.) -dillad
gas—nwy (m.) -on
gate—gât (m.) -iau
gear—gêr (m.) -iau
gents—dynion
Germany—yr Almaen
get—cael; get married—priodi; get up—codi
 get on (bus)—mynd ar; get off (clothes)—
 dadwisgo
gift—rhodd (f.) -ion
girl—merch (f.) -ed
give—rhoi
glad—balch
glass—gwydryn (m.) -gwydrau
glove—maneg (f.) -menig
go—mynd; go for a walk—mynd am dro
golf—golff (m.)
gone—wedi mynd
gold—aur
good—da
good-bye—hwyll ; hwyl fawr! Da boch!
got—gyda, 'da (I've got a car—mae car gyda fi),
 gan
grandfather—tad-cu (m.)
grandmother—mam-gu (f.)
grapes—grawnwin (plural)
grass—glaswelltyn (m.) -glaswellt (glaswellt
 usuall used)
grate—grat (m.) -iau
gravy—grefi (m.)
great—mawr
great!—gwych!
green—gwyrdd
grey—llwyd
grocer—groser (m.)
grow—tyfu
guard—gwarchod (v.); gard (m.)

hair—gwallt (plural)
hair dresser—trinydd gwallt (m.) -ion gwallt
half—hanner (m.); hanerwr (in football)
 first half—hanner cyntaf; second half—
 ail hanner; half cut—hanner caib
halfpenny—dime (f.) -iau
hall—neuadd (f.) -au, town hall—neuadd y dre
ham—ham (m.)
hand—llaw (f.) -dwylo
hand bag—bag llaw (m.) -iau llaw
handkerchief—hances (f.); neisied (f.) -i
handle—dolen (f.) -ni
happy—hapus
hard—caled
harp—telyn (f.) -au
hasten—brysio
hat—het (f.) -iau
hate—casâu
have—cael (v.)
he—e; fe
head—pen (m.) -au
health—iechyd (m.); good health—iechyd da
healthy—iach
hear—clywed
heart—calon (f.) -nau
beat—gwres (m.)
heater—gwresogydd (m.) -ion
heavy—trwm
hedge—perth (f.) -i
hell—uffern (f.); hell's bells! —uffern dân!
 (lit. hell's fire)
hellish—uffernol (used for awful)
help—helpu (v.); help (m.)
hen—iâr (f.) -ieir
her—hi (pr.); ei (her bâg)
here—yma
herrings—penwaig (plural)
high—uchel
higher—uwch
highest—ucha
hike—cerdded, heicio
hill—bryn (m.) -iau
hole—twll (m.) -tyllau
holidays—gwyliau (plural)
home—cartref (m.) -i; home rule—ymreolaeth
 to go home—mynd adre; go home English—
 ewch adre, Saeson; at home—gartre
honey—mêl (m.)
hope—gobaith (m.) -gobeithion; gobeithio (v.)

horn—corn (m.) -cyrn
horse—ceffyl (m.) -au
hospital—ysbyty (m.) -ysbytai
hot—poeth
    hot water bottle—potel dŵr poeth
hotel—gwesty (m.) -gwestai
hour—awr (f.) -oriau
house—tŷ (m.) -tai
how?—sut?
hundred—cant
hungry—llwgu
hurry—brysio
husband—gŵr (m.) -gwŷr

I

I—i, fi
ice—ia (m.): ice cream—hufen ia
idea—syniad (m.) -au
if—os
ill—sâl, tost
illness—clefyd (f.) -au
important—pwysig
in—yn, mewn; in a—mewn; in the—yn y
    inside—tu mewn; in the middle of—
    yng nghanol
influenza—ffliw (m.)
inn—tafarn (f.) -au; gwesty (m.) -gwestai
instrument—offeryn (m.) -nau
interesting—diddorol
invitation—gwahoddiad (m.) -au
invite—gwahodd
Ireland—Iwerddon
iron—haearn (m.) -heyrn
island—ynys (f.) -oedd
it—e (he), hi (she)
Italy—yr Eidal

J

jacket—siaced (f.) -i
jail—carchar (m.) -au; jail for the language—
    carchar dros yr iaith
jam—jam (m)) -au
job—swydd (f.) -i
journey—taith (f.) -teithiau; teithio (v.)

K

keep—cadw
keeper—gofalwr (m.) -gofalwyr
kettle—tegell (m.) -au
key—allwedd (f.) -i
kick—cicio (v.); cic (f.) -iau; free kick
    cic rydd
kind—caredig (a.); math (m.) -au
kiss—cusanu (v.); cusan (f.) -au
kitchen—cegin (f.) -au
knee—penlin (f.) -iau
knife—cyllell (f.) -cyllyll
know—adnabod (someone); gwybod
    (something)

L

label—label (m.) -i
ladies—menywod, merched
lake—llyn (m.) -noedd
lamb—oen (f.) -wyn
lame—cloff
land—tir (m.) -oedd; gwlad (f.) -gwledydd
    (country); land of my fathers—gwlad fy
    nhadau
language—iaith (f.) -ieithoedd; Welsh Language
    Society—Cymdeithas yr Iaith Gymraeg
large—mawr
last—olaf; diwethaf; para (v.); the last bus—
    y bws olaf; last month—mis diwethaf;
    last night—neithiwr; last year—llynedd
late—hwyr
laugh—chwerthin
lavatory—tŷ bach (m.) -tai bach
lean—pwyso (v.); tenau (a.)
learn—dysgu
learner—dysgwr (m.) -dysgwyr
least—lleia: at least—o leia
leave—gadael; ymadael â (a place)
left—chwith (direction); ar ôl—left over
    to the left—i'r chwith
lemon—lemwn (m.) -au
lemonade—lemwnâd (m.)

letter—llythyr (m.) -au
licence—trwydded (f.) -au
lid—caead (m.) -au
lie down—gorwedd
life—bywyd (m.) -au
lift—codi (v.); lifft (m.)
light—golau (m.) -goleuadau; ysgafn (a.)
light-house—goleudy (m.) -goleudai
like—hoffi (v.); fel (as)
lip—gwefus (f.) -au
lipstick—minlliw (m.) -iau
list—rhestr (f.) -au
litter—sbwriel (m.)
little—bach; a little—ychydig
live—byw; living room—ystafell fyw
loaf—torth (f.) -au
lonely—unig (before noun e.g. yr unig lyfr—
    the only book)
long—hir
look—edrych
look after—edrych ar ôl
lorry—lori (f.) -iau
lose—colli
lot—llawer
love—caru (v.); cariad (m.) -on
lovely—hyfryd
low—isel
lucky—lwcus
luggage—bagiau (plural)
lunch—cinio (m.) -ciniawau

M

machine—peiriant (m.) -nau
mad—gwallgo
magazine—cylchgrawn (m.) cylchgronau
magistrate—ynad (m.) -on
maid—morwyn (f.) -morynion
make—gwneud
man—dyn (m.) -ion; gŵr (m.) -gwŷr
manager—rheolwr (m.) -rheolwyr
many—llawer; many people—llawer o bobl
map—map (m.) -iau
market—marchnad (f.) -oedd
marmalade—marmalâd (m.)
marry—priodi
matches—fflachiau (pl.); box of matches—
    blwch o fflachiau

matter: what's the matter—beth sy'n bod
    there's no matter—does dim ots
meal—pryd (m.) -au
meat—cig (m.) -oedd
melon—melon (m.) -au
menu—bwydlen (f.) -ni
message—neges (f.) -oedd
middle—canol (m.); in the middle of—yng
    nghanol
mile—milltir (f.) -oedd
milk—llaeth (m.)
minute—munud (m./f.) -au
mirror—drych (m.) -au
miss—colli (v.)
mist—niwl (m.) -oedd
misty—niwlog
mix—cymysgu
mix up—cawl (m.) (lit. soup)
money—arian (m.)
month—mis (m.) -oedd
moon—lleuad (f.) -au
more—mwy; more food—mwy o fwyd
morning—bore (m.) -au: good morning—
    bore da
most—mwya; most beautiful—mwya pert
    most of the cars—y rhan fwya o'r ceir
mother—mam (f.) -au
motorway—traffordd (f.) -traffyrdd
mountain—mynydd (m.) -oedd
mouth—ceg (m.) -au
move—symud (v.)
much—llawer; how much?—faint?
museum—amgueddfa (f.) -amgueddfeydd
must—rhaid; I must—rhaid i fi
mustard—mwstart (m.)
my—fy, 'y

N

naked—noeth, porcyn
name—enw (m.) -au
narrow—cul
nasty—cas
nation—cenedl (f.) -cenhedloedd
national—cenedlaethol
nationalist—cenedlaetholwr (m.)
    -cenedlaetholwyr
naughty—drwg
next—nesa; next door—drws nesa

never—byth
new—newydd
news—newyddion; news agent—siop
    bapurau; news paper—papur newydd
nice—neis, hyfryd
nickers—trôns (pl.)
night—nos (f.) -weithiau; good night—
    nos da; tonight—heno; tomorrow
    night—nos yfory; last night—neithiwr
night-dress—gwisg nos (f.) -oedd nos
no—na
noise—sŵn (m.) -au
noisy—swnllyd
north—gogledd (m.)
nose—trwyn (m.) -au
not—ddim; not at all—ddim o gwbl
nothing—di, dim byd
now—nawr
nurse—nyrs (f.) -ys
nylonds—sanau neilon (pl.)

O

o'clock—o'r gloch
of—o
off—i ffwrdd, bant
office—swyddfa (f.) -swyddfeydd
    booking office—swyddfa docynnau
often—yn aml
oil—olew (m.) -on
old—hen
on—ar
once—unwaith
onions—wynwns (pl.)
only—yn unig, dim ond, yr unig; the only
    place—yr unig le; only ten—deg yn
    unig/dim ond deg
open—agor (v.); ar agor (on signs)
opera—opera (f.) ˆu
or—neu
orange—oren (f.) -nau
orchestra—cerddorfa (f.) -cerddorfeydd
other—arall; the other one—y llall;
    others—lleill
ounce—owns (m.)
our—ein
oven—ffwrn (f.) -ffyrnau
over—dros; the film is over—mae'r ffilm
    drosodd

P

pack—pacio (v.)
pain—poen (f.) -au
paint—paent (m.) -iau; paentio (v.)
pants—trôns (pl.)
paper—papur (m.) -au
parcel—parsel (m.) -i
parents—rhieni (pl.)
park—parc (m.) -iau; parcio (v.)
parliament—senedd (f.) -au
parsnips—pannas (pl.)
pass—pasio, mynd heibio i; estyn (bread etc)
passenger—teithiwr (m.) -teithwyr
paste—past (m.); tooth-paste—past danedd
path—llwybr (m.) -au; public footpath—
    llwybr cyhoeddus
pavement—pafin (m.)
pay—talu (v.); tâl (m.) -iadau
peas—pys (pl.)
peach—eirin gwlanog (pl.)
pedal—pedal (m.) -au
pedestrian—cerddwr (m.) cerddwyr
pen—ysgrifbin (m.) -au
penalty—cic gosb (f.) -iau cosb
pencil—pensil (m.) -ion
penny—ceiniog (f.) -au
pepper—pupur (m.)
perfume—persawr (m.) -au
perhaps—efallai
person—person (m.) -au
petrol—petrol (m.)
phone—ffonio (v.); ffôn (m.) -iau
picture—llun (m.) -iau; darlun (m.) -iau
pig—mochyn (m.) -moch
pillow—clustog (f.) -au
pink—pinc
pint—peint (m.) -iau
place—lle (m.) -fydd/oedd
plane—awyren (f.) -nau
plate—plât (m.) -iau
platform—platfform (m.)
play—chwarae (v.); drama (f.) -âu
player—chwaraewr (m.) -chwaraewyr
please—os gwelwch yn dda; plesio (v.)
pleased—balch
plug—plyg (m.) -iau
plumb—eirinen (f.) -eirin
pocket—poced (m.) -i
poet—bardd (m.) -beirdd
pole—polyn (m.) -polion

police—heddlu (m.)
    police station—swyddfa'r heddlu
policeman—plismon, heddwas, slob (slang)
pork—porc (m.)
poor—tlawd
pop—pop (m.)
porter—cludydd (m.) -cludwyr; porter (m.)
    -iaid
porridge uwd (m.)
post—post (m.); postio (v.): Post Office—
    Swyddfa'r Post
pot—pot (m.) -iau
potatoes—tatws (pl.)
pottery—crochenwaith (m.)
preach—pregethu
preacher—pregethwr (m.) -pregethwyr
prefer—(g)well gyda; I prefer—mae'n well
    gyda fi
prepare—paratoi
present—anrheg (m.) -ion; rhodd (f.) -ion;
    presennol (m.) (time); at present—ar hyn
    o bryd, nawr
pretty—pert, tlws
price—pris (m.) -iau
priest—offeiriad (m.) -offeiriaid
programme—rhaglen (f.) -ni
promise—addo (v.); addewid (m.) -ion
proud—balch
pub—tafarn (f.) -au
public—cyhoeddus
pudding—pwdin (m.)
pull—tynnu
pullover—siwmper (f.) -i
pump—pwmp (m.) -iau
purple—piws
purse—pwrs (m.) -pyrsau
put—rhoi, dodi, gosod
pyjamas—dillad nos (pl.); gwisg nos (f.)

Q

quarrel—ffraeo (v.); cweryla (v.)
quarter—chwarter (m.) -i
queen—brenhines (f.) -au
question—cwestiwn (m.) -cwestiynau
queue—cwt (m.)
quick—cyflym
quickly—yn gyflym
quiet—tawel
quiz—cwis (m.)

R

race—râs (f.) -ys
rack—rhac (f.) -iau
radio—radio (m.)
railway—rheilffordd (f.) -rheilffyrdd
rain—glaw (m.) -ogydd; bwrw glaw (v.)
raise—codi
razor—llafn (f.) -au
reach—cyrraedd
read—darllen
ready—parod (a.); yn barod (ad.)
receive—derbyn
recite—adrodd
recognise—nabod
record—record (f.) -iau
recover—gwella
red—coch
remain—aros (v.); ôl (m.) -ion
remember—cofio
rent—rent (m.) -i
reserve—cadw; reserved seat—sedd gadw
rest—gweddill (m.) -ion (remainder);
    gorffwys (v.)
return—dychwelyd
rich—cyfoethog
rice—reis (m.)
right—iawn (correct); y dde (direction)
    to the right—i'r dde
ring—modrwy (f.) -on (on finger); cylch (m.)
    -oedd (circle)
river—afon (f.) -ydd
road—heol (f.) -ydd; main road—heol fawr
rock—craig (f.) -iau
roll—rholyn (m.) -rholiau
Rome—Rhufain
room—stafell (f.) -oedd
rope—rhaff (f.) -au
rose—rhosyn (m.) -nau
rugby—rygbi
ruin—adfail (m.) -adfeilion
run—rhedeg

S

sad—trist
sail—hwylio (v.); hwyl (f.) -iau
saint—sant (m.) -saint

salad—salad (m.) -au
sale—gwerthiant (m.) -gwerthiannau; for sale—
  ar werth
salmon—eog (m.) -iaid
salt—halen (m.)
sand—tywod (m.)
sandal—sandal (m.) -au
sandwich—brechdan (f.) -au
sauce—saws (m.)
sausage—selsigen (f.) -selsig
say—dwewd
scarff—sgarff (m.)
school—ysgol (f.) -ion
scissors—siswrn (f.) -sisyrnau
score—sgôr (m.); sgorio (v.)
Scotland—Yr Alban
screen—sgrin (m.)
sea—môr (m.) -oedd
seat—sedd (f.) -au
second—eiliad (m.) -au
secretary—ysgrifennydd (m.) -ysgrifenyddion:
  ysgrifenyddes (f.) -au
see—gweld
self—hun
sell—gwerthu
selves—hunain
send—anfon, hala
sermon—bregeth (f.) -au
set—set (m.) -iau
sex—rhyw (f.)
shave—eillio
she—hi
sheep—dafad (f.) -defaid
sheet—cynfasen (f.) -cynfasau
shilling—swllt (m.) -sylltau
shirt—crys (m.) -au
ship—llong (f.) -au
shit—cachu (v. & m.)
shoe—esgid (f.) -iau
shop—siop (f.) -au
short—byr
shoulder—ysgwydd (f.) -au
shovel—rhaw (f.) -rhofiau
show—dangos (v.); sioe (f.) -au
shower—cawod (m.) -ydd
shut—cau (v.); ar gau (closed)
side—ochr (f.) -au
sign—arwydd (m.) -ion; llofnodi
silver—arian
sing—canu
singer—canwr (m.) -cantorion
sister—chwaer (f.) -chwiorydd

sit—eistedd; sitting room—ystafell fyw,
  lolfa
size—maint (m.) -meintiau
skin—croen (m.) -crwyn
skirt—sgert (m.) -iau
sky—awyr (f.)
slate—llechen (f.) -llechi
sleep—cysgu (v.); cwsg (m.); sleeping bag—
  sach gysgu
slip—llithro (v.)
slow—araf
small—bach
smaller—llai
smallest—lleia
smell—arogli (v.); gwynto (v.); arogl (m.) -au
smile—gwên (f.) -au; gwenu (v.)
snow—eira (m.); bwrw eira (v.)
so—felly
soap—sebon (m.)
soccer—pêl-droed (f.)
society—cymdeithas (f.) -au
sock—hosan (f.) -au
sofa—soffa (m.)
someone—rhywun (m.) -rhywrai
sometimes—weithiau
somewhere—rhywle
son—mab (m.) -meibion
song—cân (f.) -caneuon
soon—buan (a.); yn fuan (ad.)
sound—sŵn (m.) -iau
soup—cawl (m.)
speak—siarad
special—arbennig
spectacles—sbectol (f.); gwydrau (pl.)
speed—cyflymder (m.)
spend—gwario (money); treulio (time)
spirit—hwyl (f.) -iau (fun); ysbryd (m.) -ion
  (ghost); gwirod (m.) -ydd (drink)
spoon—llwy (f.) -au
spring—gwanwyn (m.) (season); sbring(m.) -iau
square—sgwar (m.) -iau
stage—llwyfan (m.) -nau
stairs—grisiau (pl.)
stall—stondin (f.) -au
stamp—stamp (m.) -iau
start—dechrau
station—gorsaf (f.) -oedd
stay—aros
stockings—hosanau (pl.)
stomach—bol (m.) -iau; stumog (f.) -au
stone—carreg (f.) -cerrig
stop—aros; bus-stop—arosfan (f.)

storm—storm (f.) -ydd
story—stori (f.) -au
stove—ffwrn (f.) -ffyrnau
strawberries—mefus (pl.)
stream—nant (f.) -nentydd
street—stryd (f.) -oedd; high street—stryd fawr
strong—cryf
sugar—siwgr (m.)
suggest—awgrymu; cynnig
suit—siwt (f.) -iau; suit-case—cês dillad
summer—haf (m.)
summit—copa (m./f.) -on
sun—haul (m.)
sunbathe—torheulo, bolheulo
supper—swper (m.) -au
sure—siŵr
swear—rhegi
sweet—melys
sweetheart—cariad (m.) -on
swim—nofio
switch—swits (m.) -ys
Switzerland—Y Swistir

T

table—bwrdd (m.) -au, bord (f.) -ydd
tackle—offer (pl.); taclo (v.); tacl (m.) (rugby)
take—cymryd; mynd â (go with); take a
  picture—tynnu llun
talk—siarad
tall—tal
tank—tanc (m.) -iau
tap—tap (m.) -iau
tart—tarten (f.)
taste—blase (v.); blas (m.)
tasty—blasus
taxi—tacsi (m.)
tea—te (m.)
teach—dysgu
teacher—athro (m.) -athrawon; athrawes (f.) -au
team—tîm (m.) -iau
teapot—tebot (m.)
tease—poeni
telegram—brysneges (f.) -au
telephone—teliffôn (m.); ffonio (v.)
tennis—tenis (f.)
temperature—tymheredd (m.); gwres (m.)
  illness
tent—pabell (f.) -pebyll

thanks—diolch
that—hwnnw (m.a.), honno (f.a.); bod (I know
  that. .); y bydd (with future)
theatre—theatr (f.) -au
their—eu
them—nhw
these—rhain (pl.); hyn (a.)
they—nhw
thin—tenau
thing—peth (m.) -au; something—rhywbeth
think—meddwl
thirst—syched (m.); I'm thirsty—mae syched
  arna i
this—yma, hwn (m.a.), hon (f.a.); this one—
  hwn (m.), hon (f.)
thousand—mil
throat—gwddf (m.) -gyddfau
throw—taflu
ticket—tocyn (m.) -nau
tide—llanw (m.)
tie—tei (m.); clymu (v.)
time—amser (m.) -au; what's the time?—beth
  yw'r amser?
timetable—amserlen (f.) -ni
tire—blino
tired—wedi blino, blinedig
toast—tost (m.); tostio (v.)
tobacco—tybaco (m.), baco (m.)
toe—bys troed (m.) -bysedd traed
toilet—tŷ bach (m.) -tai bach: toilet paper—
  papur tŷ bach
tomato—tomato (m.) -tomatau
tomorrow—yfory, fory
tongue—tafod (f.) -au
tonight—heno
too—rhy
tool—offeryn (m.) -offer
tooth—dant (m.) -dannedd: I've got toothache
  —mae'r ddannodd arna i
tower—tŵr (m) -tyrau
town—tre (f.) -fi
toy—tegan (m.) -au
traffic—trafnidiaeth (f.); traffic lights—
  goleuadau (trafnidiaeth)
train—trên (m.) -au
transport—cludiant (m.), cludo (v.)
travel—teithio
treble—trebl
tree—coeden (f.) -coed
trousers—trwser (m.) -i
trout—brithyll (m.)
tune—alaw (f.) -on, tôn (f.) -au

tunnel—twnnel (m.) -twnelau
turkey—twrci (m.) -od
turn—troi (v.); tro (m.) -eon
tweed—brethyn (m.); Welsh tweed—
  brethyn Cymru
twenty—ugain, dau-ddeg
twice—dwywaith
tyre—teiar (m.) -s

U

ugly—salw, hyll,
umbrella—ymbarél (m.)
uncle—ewythr (m.) -ewyrth
understand—deall
unfortunately—yn anffodus
upstairs—lloft (f.) -ydd; go upstairs—mynd lan
  llofft

V

vale—pant (m.) -iau; cwm (m.) -cymoedd
valley—cwm (m.) -cymoedd
value—gwerth (m.) -oedd
vegetables—llysiau (pl.)
vehicle—cerbyd (m.) -au
very—iawn (follows a.)
village—pentre (m.) -fi
vinegar—finegr (m.)
voice—llais (m.) -lleisiau

W

wait—aros; no waiting—dim aros
waiting room—ystafell aros (f.) -oedd aros
waiter—gweinydd (m.); gweinyddes (f.) -au
wake—deffro
Wales—Cymru; Parliament for Wales—Senedd
  i Gymru
walk—cerdded; go for a walk—mynd am dro
wall—wal (f.) -iau, mur (m.) -iau
want—eisiau, moyn; I want—rydw i'n moyn
wardrobe—cwpwrdd dillad
warm—twym, cynnes
wash—golchi, ymolchi (wash oneself)

wash basin—basn ymolchi (m.)
water—dŵr (m.) -dyfroedd
water falls—rhaeadr (f.) -au
watch—oriawr (f.) -oriorau: gwylio (v.)
wave—ton (f.) -nau
way—ffordd (f.) -ffyrdd; one way—un ffordd
weak—gwan
wear—gwisgo
weather—tywydd (m.)
wedding—priodas (f.) -au
week—wythnos (f.) -au
Welsh—Cymraeg (language); Cymreig (a.)
Welshman—Cymro (m.) -Cymry
Welshwoman—Cymraes (f.)
wet—gwlyb (a.); gwlychu (v.)
what?—beth? ; what's the matter? —beth sy'n
  bod?
wheel—olwyn (f.) -i
when?—pryd?
where?—ble?
which?—pa?
white—gwyn
Whitsun—Sulgwyn (m.)
why?—pam?
wide—llydan
wife—gwraig (f.) -gwragedd
will—bydd (3rd person of v.); ewyllys (f.)
win—ennill
wind—gwynt (m.) -oedd
window—ffenest (f.) -ri
wine—gwin (m.) -oedd; wine list—rhest win
winter—gaeaf (m.) -oedd
wish—dymuno (v.); dymuniad (m.) -au
  best wishes—dymuniadau gorau, cofion
  gorau
woman—menyw (f.) -od
wood—pren (m.) -nau
wool—gwlan (m.)
word—gair (m.) -geiriau
work—gwaith (m.) -gweithfeydd; gweithio (v.)
world—byd (m.)
worse—gwaeth
worst—gwaetha
wound—clwyf (m.) -au
write—ysgrifennu; writing paper—papur
  ysgrifennu

Y

year—blwyddyn (f.) -blynyddoedd; blynedd
  (after numbers)
yellow—melyn
yes—ie, oes, ydy, ydyn etc (see grammar)
yesterday—ddoe
young—ifanc
you—chi
your—eich
Youth Hostel—Hostel Ieuenctid

CYMRU / Wales

Welsh is spoken by the following numbers of people (1981 Census figures):

Gwynedd: 135,067 (63%)
Dyfed: 146,213 (47%)
Gwent: 10,550 (2½%)
Powys: 21,358 (20%)
Clwyd: 69,578 (18%)
West Glamorgan: 57,408 (16%)
Mid Glamorgan: 42,691 (8%)
South Glamorgan: 20,684 (6%)

61

GWERS NAW: **Chwarae Golff** (Playing Golf)

That 'THAT' again – in the FUTURE!

62 hen you want to say that something will happen in the future, e.g., 'I think that it *will* be fine', the Welsh for *that* is y. After it, put the normal forms of the future, e.g., 'Rydw i'n credu y bydd hi'n braf'

50

y bydda i — that I shall
y bydd e — that he will
y bydd hi — that she will
y byddwn ni — that we shall
y byddwch chi — that you will
y byddan nhw — that they will

For 'that I shall *not*' etc., add '*ddim*.

NUMBERS

1st — cyntaf (comes *after* noun; all the others *before*)
2nd — ail
3rd — trydydd; trydedd before feminine nouns
4th — pedwerydd; pedwaredd before feminine nouns
5th — pumed

6th — chweched
7th — seithfed
8th — wythfed
9th — nawfed
10th — degfed

The tenth hole — y degfed twll or twll deg

51

Language books, songbooks,
cookbooks, art books, policital
books. . .